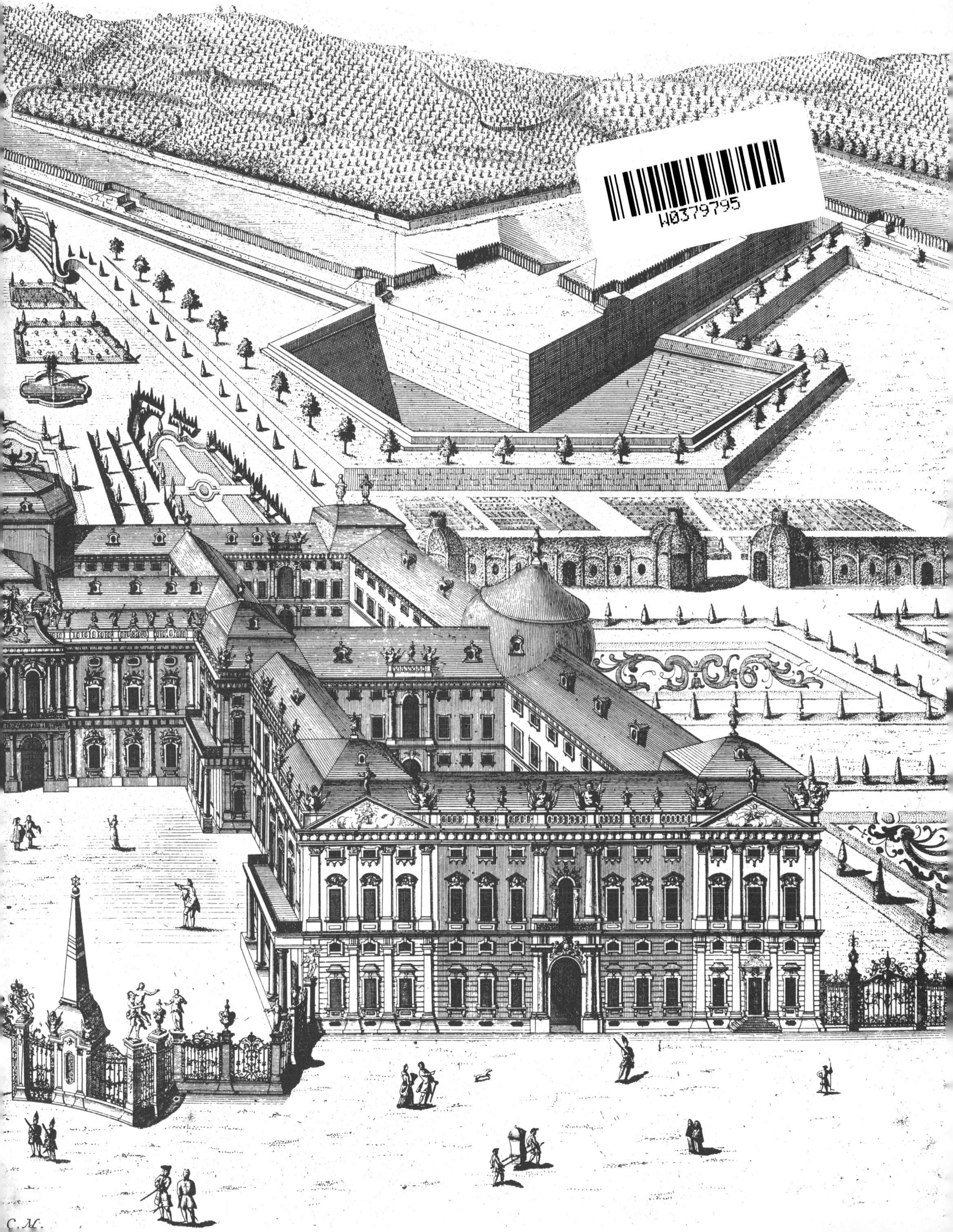
C.M.

Max H. von Freeden □ Balthasar Neumann

Residenz Würzburg, Deckengemälde von G. B. Tiepolo im Treppenhaus.
Ausschnitt mit Bildnis Balthasar Neumanns, 1753.

MAX H. VON FREEDEN

Balthasar Neumann

LEBEN UND WERK

Deutscher Kunstverlag

CIP-Kurztitelaufnahme der Deutschen Bibliothek
Freeden, Max H. von
Balthasar Neumann: Leben und Werk/Max H. von Freeden.–
3., veränderte Aufl. – München; Berlin: Deutscher Kunstverlag 1981.
ISBN 3-422-00118-2
NE: Neumann, Balthasar [Ill.]

Abbildung auf den Vorsatzblättern:
Die Würzburger Residenz. Kupferstich von J. B. Gutwein
nach Zeichnung des Neumann-Schülers
und Ingenieur-Architekten Michael Müller, um 1765

Dritte, in Text und Bild bearbeitete, erweiterte Auflage 1981
Lithos: Brend'amour, Simhart GmbH & Co, München
Satz und Druck: Universitätsdruckerei Dr. C. Wolf & Sohn, München

Inhalt

Feuerwerk Balthasar Neumanns, Tuschzeichnung als Stichvorlage 1725.
Württembergische Landesbibliothek, Stuttgart

Einleitung

Als Barock und Rokoko regierten, da herrschte nicht nur an den Höfen eine schwärmerische Begeisterung für die Baukunst. Fürst Liechtenstein, einer der großen Bauliebhaber am Wiener Kaiserhofe, hatte es erstmals so deutlich ausgedrückt: „Das Bauen ist nur, um schöne Monumente zu hinterlassen zum ewigen Gedächtnis." Das gleiche meinte 1707 aber auch ein schlichter Handwerksmeister, der Würzburger Brückenbeck Peter Renninger, als er an seinem schönen, reich verzierten neuen Hause bei der Mainbrücke unter seinem Bäckerwappen die Zeilen anbringen ließ: „Bauen ist eine Lust; was es mich kost', das hab ich nicht gewußt!" Es will doch auch etwas heißen, wenn der Würzburger Hofwagner Lorenz Köstner sein prachtvolles, neues Wohnhaus verpfändet, um die Finanzierung für Balthasar Neumanns Käppele zu ermöglichen.

Es ist eine überwältigende Fülle von Schlössern und Abteien, Kirchen, Palästen und Häusern in der ersten Hälfte des 18. Jahrhunderts, zumal in Süddeutschland, emporgewachsen, und man kann getrost sagen, daß – gemessen an der Bevölkerungszahl – weder vorher noch später wohl je wieder so viel gebaut worden ist.

Die Bauleidenschaft ist es im wahrsten Sinne, fast immer gepaart mit einer echten, natürlichen Frömmigkeit, die hoch und niedrig packte und die man bestenfalls noch mit leiser Selbstironie verspotten, von der man sich aber nicht befreien konnte: „Das Bauen ist ein Teufelsding; wenn man einmal angefangen, kann man danach nicht aufhören", so seufzt Kurfürst Schönborn in einem Briefe. „Bauwurm" nennt er das, was ihn und seine Neffen auf den geistlichen Fürstenstühlen plagt, und es scheint ihm zwecklos, dagegen anzukämpfen, denn: „Wie könnten die Künstler und andere Handwerksleute, die doch Gott auf dieser Welt haben will, bestehen, wenn er nicht zugleich Narren werden ließe, die sie ernähren täten."

In dieser Atmosphäre beginnt Balthasar Neumann als Baumeister und Künstler zu lernen und zu wirken.

Neumann, dessen Lebenswerk einen Höhepunkt in der gesamten Barockarchitektur darstellt, war schon fünfundzwanzig Jahre alt, als er sich im Jahre 1712 zum erstenmal mit der Baukunst beschäftigte, und es ist einer jener glückhaften Zufälle, wie sie das Leben zu allen Zeiten nur seinen Günstlingen zuspielt, daß dem Zweiunddreißigjährigen dann 1719 der bedeutendste Schloßbau zufiel, der damals zu vergeben war: die Würzburger Residenz. Neumann hatte obendrein die große Chance, daß er dabei mit den führenden Architekten seiner Zeit, mit Welsch, Hildebrandt und Dienzenhofer, mit Boffrand und Robert de Cotte zusammenarbeiten konnte. Man nahm und gab in dieser schöpferischen Gemeinschaft. An dem riesigen Auftrag und im Kontakt mit den Großen entfaltete sich das Genie Neumanns; er hatte nicht nur das Messen und Bauen, das Zeichnen und Konstruieren gelernt, sondern er besaß die schöpferische Fantasie des begnadeten Baumeisters, ihm war es wirklich gegeben, „einen Babelgedanken in der Seele zu erzeugen".

Dabei war es dem armen Tuchmachersbuben Balthasar Neumann nicht an der Wiege gesungen worden, daß er dereinst als fürstlicher Oberbaudirektor und Oberst der Artillerie, geehrt von vielen Fürsten, ausgezeichnet durch das Kaiserpaar, sein Leben beschließen würde. Als er 1711 auf der Wanderschaft nach Franken kam und mit geringer Barschaft sowie dem hart verdienten Lehrbrief der Glocken- und Geschützgießer in der Tasche in Würzburg einzog, um sich in der Gießhütte des berühmten Ignaz Kopp am Fuße des Marienbergs zu melden, hätte er es sich nicht träumen lassen, daß zweiundvierzig Jahre später die Salutbatterie dieser Festung ihm zu Ehren ihren Donner über die Stadt schicken und eine Militäreskorte ihm hier nach vollendeter Lebensbahn das letzte Geleit zur Marienkapelle geben würde.

Neumann ist es beschieden gewesen, den barocken Schloß- und Kirchenbau – die Hauptanliegen dieser baufreudigen Zeit – zu letzter Vollendung zu führen, zu einem Höhepunkt, der europäische Bedeutung beansprucht.

Das Leben und die Werke Balthasar Neumanns sind untrennbar verbunden mit dem Namen seiner Bauherren, den geistlichen Fürsten aus dem Hause Schönborn, denen einst Petrini in Würzburg, dann Welsch in Mainz, Dienzenhofer in Bamberg und Hildebrandt in Wien schon dienten; es wiederholt sich hier, in der Begegnung des begnadeten Künstlers mit dem großen Auftraggeber, eine jener schicksalhaften Episoden der Kunstgeschichte, wie sie Papst Urban VIII. erkannte, als der Lorenzo Bernini nach seiner Thronbesteigung mit den Worten begrüßte: „Groß ist euer Glück, Cavaliere, den Kardinal Maffeo Barberini als Papst zu sehen, aber noch weit größer ist unser Glück, daß der Cavaliere Bernini während unseres Pontifikates lebt!"

Neumann verdankte der Familie Schönborn die wahrhaft einzigartige Gelegenheit, sein großes Talent zu entwickeln und seine kühnen Bauträume zu verwirklichen; das gräfliche Haus Schönborn verdankt Neumann seinen durch die Jahrhunderte währenden Ruhm, in der Blütezeit des Barock mehr als irgendein weltlicher Fürst für die Baukunst getan zu haben; Würzburg wurde das Glück zuteil, den unerhörten Glanz solcher Begegnung, dessen Widerschein diese Stadt noch heute verklärt, und sie damals zum Gesprächsstoff der Kunstfreunde Europas machte, in seinen Mauern zu sehen. Kein Zweifel, die Schönbornresidenzen der Barockzeit an Rhein und Main bedeuteten den bildenden Künstlern in der ersten Hälfte des 18. Jahrhunderts etwas von dem, was den Dichtern und Denkern des ausgehenden Jahrhunderts Weimar war.

Wer in der Geschichte der Kunst blättert, der findet fast leere Seiten über Deutschland darin, als Rubens und Rembrandt malten. Hier tobte der große Krieg, und es bedurfte eines weiteren Menschenalters, um von diesem Aderlaß zu genesen. Wer weiter blättert, findet dafür später noch volle Seiten über dieses Land, während die der anderen Länder sich schon lichten: die barocke Baukunst Frankreichs und Italiens hatte ihren Höhepunkt schon erreicht und überschritten, als Deutschland sich erst rüstete. In dieser Spätzeit reifte der spätberufene Neumann heran. Seinem Werke eignet auch deshalb jene sonst kaum erreichte Vollkommenheit und einsame Schönheit.

Würzburg, das sich mit der Aufnahme des Niedersachsen Riemenschneider schon einmal – es war damals auch eine Spätstufe künstlerischer Stilentwicklung – als Nährboden und Lebensraum für den begnadeten Vollender einer ganzen Epoche, eben der Spätgotik, erwiesen hatte, wurde auch für Neumann, den Vollender der Barockzeit, zum Schicksal; hier am Main, im Herzen Deutschlands, wo sich „des Nordländers tieferer Sinn und des Südländers feurige Vorstellungskraft" mischen – hier war es zweifellos die Atmosphäre, in der das Genie als Vollender seines Zeitalters leben und schaffen konnte.

Neumann war es, der mit der Würzburger Residenz damals ein Gemeinschaftswerk abendländischer Kunst schuf, an dem Deutsche und Österreicher, Franzosen, Flamen und Italiener mitwirkten. Für Franken wurde es die sprichwörtlich gewordene „Schönbornzeit", in der das Land sich mit Schlössern und Kirchen, mit Palästen und Bürgerhäusern schmückte, da Friedrich Carl von Schönborn als der „deutsche Salomo" seine Staaten am Main friedlich durch die Kriege steuerte, während sein Baumeister Neumann festliche Räume ersann und errichtete, die bis dahin kein Meister zu bauen sich getraut hatte. Es war Mainfrankens große Zeit; mit einer Kette blühender Kunstzentren war dieses Land durchwirkt, und durch die Vielzahl prunkender Schlösser und Kirchen überstrahlte es bald seine Nachbarn. Die bunte Welt der kleinen Reichsstände mit ihren Duodez-Residenzen – so genannt nach dem kleinsten Buchformat, dem Duodez – sie verklärt hier die letzten Dezennien des allmählich erlöschenden Alten Reiches und hat ihm damals auch das schönste Denkmal gesetzt: die großen Schlösser der kleinen Herren – was sind sie anderes als „geträumte Geschichte", ja, gewonnene Schlachten und Monumente derer, denen große Politik zu machen verwehrt war und die nun, ohne blutige Kriege, doch auch in die Geschichte eingegangen sind.

Balthasar Neumann galt schon zu Lebzeiten als einer der größten Baumeister. Nach dem Tode Welschs und Hildebrandts war er unbestritten der bedeutendste Architekt zwischen Köln und Konstanz und vom Main zur Donau, und um die Jahrhundertmitte entsteht fast kein großes Bauwerk mehr, ohne daß man sich nicht wenigstens seines Rates versichert hätte. „Herr Oberst Neumann von Würzburg" plant, berät und baut jetzt weit über Frankens Grenzen hinaus.

Das Bild des Künstlers hat sich durch die Forschung bald eines Jahrhunderts erhellt und ist deutlich, glaubhaft und greifbar geworden; unter dem verunklärenden Firnis der wohlmeinenden Begeisterung seines ersten Biographen und durch den dunklen Firnis abschätziger Enttäuschung in der nächsten Forschergeneration hindurch ist das viel imponierendere wirkliche Werk zutage getreten. Es ist umfangreich genug: Schlösser und Kirchen, Altäre, Klosteranlagen, Domherrenhöfe und Bürgerhäuser, Straßen und Brücken, Wasserwerke und Heilbrunnen finden sich ebenso wie Festungsbauten, Geschütz- und Glockenguß, Kasernen, eine Glas- und Spiegelfabrik, und schließlich auch akademische Lehrtätigkeit.

Lehrjahre

Als siebentes von acht Kindern des Tuchmachers Hans Christoph Neumann kam Balthasar Ende Januar 1687 in der Schiffgasse zu Eger in Böhmen auf die Welt; am 30. Januar trug man ihn in die nahe St. Niklaskirche zur Taufe. Seine Großväter Andreas Neumann und Hieronymus Grassold lebten schon als Tuchmacher in der alten Reichstadt. Der Vater versah nebenbei den Torhüterdienst am Schiffstore, und die Sorge war ein ständiger Gast in der Familie. 1704 mußte das überschuldete Haus verkauft werden. Um die Jahrhundertwende, während Christoph Dienzenhofer noch als Festungsbaumeister hier wirkte, kam Balthasar in Eger zum Paten als Glockengießer in die Lehre. 1709 hörte man erstmals von ihm: er half bei der Reparatur von Wasserkünsten.

Viel mehr als den Gesellenbrief der Glocken- und Geschützgießer mag Neumann kaum in der Tasche gehabt haben, als er vierundzwanzigjährig auf Wanderschaft gen Westen zog und, angelockt vom Rufe der Gießhütte Ignaz Kopps und ihrer reichlichen Arbeit, in Würzburg haltmachte, das ihm dann zum Schicksal und zur zweiten Heimat wurde.

Wie anders als in der alten Reichsstadt Eger pulste hier in der Residenzstadt Würzburg das Leben am glänzenden Hofe des Fürstbischofs Johann Philipp von Greiffenklau! Neumann kam gerade recht zu großen Festen, bei denen er seine Kenntnisse als Feuerwerker schon beweisen konnte: als Kaiser Karl VI. 1712 zu feierlichem Besuche eintraf, wurde Neumanns Lehrer und Gönner, Ingenieur Hauptmann Andreas Müller, zur ständigen Begleitung der Majestät befohlen und hatte das prächtige Feuerwerk zu verantworten.

Auf dem Schottenanger fand Neumann seine künftige Arbeitsstätte, das große Gießhaus mit dem ernsten Treppengiebel und gegenüber das Schottenkloster St. Jacob, daneben das neue stattliche Wohnhaus seines Meisters Kopp. An Arbeit fehlte es nicht; was an neuen Geschützen zur Verteidigung der Landesfestung und für die Truppen in der Ferne bestimmt war, wurde hier geschaffen. Daneben entstanden Jahr für Jahr, wie zu Zeiten des Vaters Sebald Kopp, neue Glocken für die Kirchen in Stadt und Land und vieler Kirchenzierat; Neumann konnte wohl schon gleich mit zupacken bei den großen Kandelabern, welche die Hauger Stiftsherren vor dem Hochaltar ihrer neuen Kirche aufstellen wollten; Meister Kopp versah sie mit seinem Namen und der Jahreszahl 1711.

Neumann denkt zunächst noch daran, seine Wanderschaft fortzusetzen, bittet aber, weil die Familie nicht helfen kann, 1711 den Egerer Stadtrat um ein Darlehen, das man ihm auch gewährt. In diese Zeit fällt die Bekanntschaft mit dem Ingenieurhauptmann und Architekten Andreas Müller; er wird Neumanns Schicksal: der Offizier erkennt die besondere Begabung des Glockengießergesellen, die noch brach liegt, und regt ihn an, Geometrie und Feldmesserei zu lernen.

Angesichts der Fortschritte Neumanns macht Andreas Müller sich die Mühe, ihn auch in der Zivil- und Militärarchitektur zu unterweisen; Neumann ergreift die Gelegenheit dieser Lehre. Dazu gehören Bücher und Instrumente, und weil er keinen anderen Ausweg weiß, schildert er 1712 seinen Stadtvätern in Eger seine Sorgen, und sie helfen wieder mit Geld aus. Neumann ist nun mitten im Studium; von einem Rausch des Lernens und Begreifens gepackt, findet er den Mut, seine Bitte zu wiederholen, und man hilft ihm zum dritten Mal. Neumann hat nun, um sich ganz dem Studium zu widmen, die Arbeit und also auch den Arbeitslohn in der Hütte aufgegeben. Der Ausgang vom Handwerk aber bleibt ein wesentlicher Zug für seine ganze spätere Arbeit und verschafft ihm oftmals eine souveräne Überlegenheit, der er sich durchaus bewußt ist und vor der aller Widerspruch verstummt.

Neumann arbeitet noch im erlernten Beruf, als ihn die wirkliche Berufung zum eigentlichen Lebenswerk erreicht und damit eine neue Lehrzeit beginnt. Sein Petschaft, das er sich damals mit einem selbst entworfenen Wappen zulegt, verrät den Umbruch: es zeigt mit den Buchstaben B N das Kanonenrohr des Geschützgießers, darunter aber Zirkel und Feder, die Symbole des Architekturstudiums. Er fühlt sich seiner Sache sicher, denn er schreibt den Egerer Ratsherren, er habe schon solche Geschicklichkeit erwiesen, daß er „etwas Seltsames“ zeigen werde, wenn er einmal zur Praxis komme:

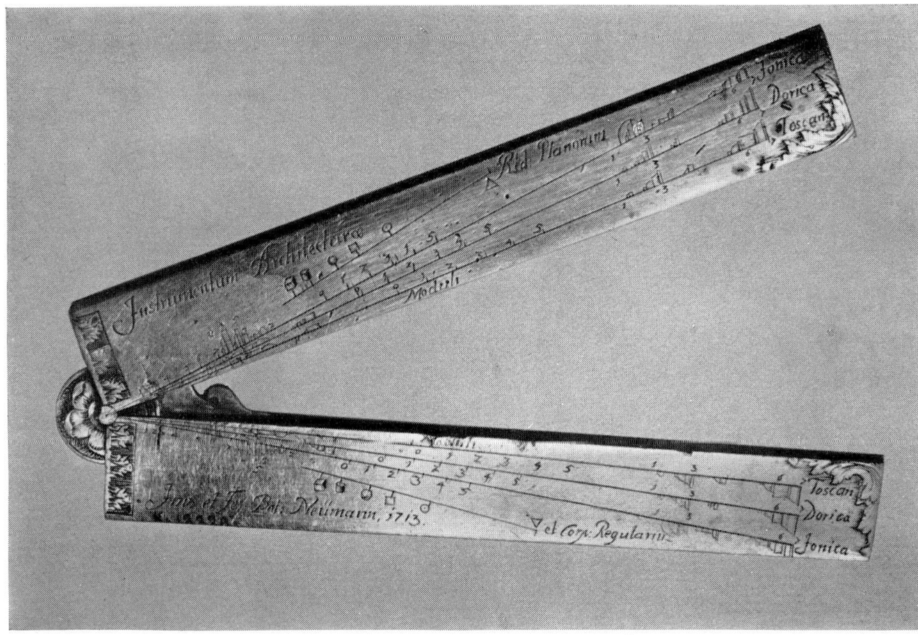

Balthasar Neumanns Meßinstrument, 1713. Mainfränkisches Museum, Würzburg

ein stolzes Wort, das er wirklich eingelöst hat. Daß die Vaterstadt Eger ihm das Studium ermöglichte, wird ihr und ihren weitschauenden Stadtvätern für alle Zeiten zum Ruhm gereichen. Als Hauptmann hat Neumann das Studien-Darlehen 1722 zurückgezahlt.

Würzburg war nun für solche Lehre damals gewiß der rechte Ort; Petrinis Geist schwebte, wie seine Kuppel von Stift Haug, noch über der Stadt, und überall standen die Baugerüste in Stadt und Land: auf der Festung, am Rennweg und in den Gassen. Am Kürschnerhof wuchsen die große gewaltige Rotsandsteinfassade und die pompöse Kuppel des Neumünsters empor. Überall hatte Andreas Müller dabei zu tun. Bald folgte der Neubau des Priesterseminars, des Rückermainhofs und die Fassade von St. Peter. Joseph Greising, der als Vorarlberger Zimmermeister unter Petrini begonnen und seit Anfang des Jahrhunderts dessen zurückgelassene Bauten vollendet hatte, erreichte den Höhepunkt seines Schaffens und galt am Ende des zweiten Jahrzehnts, als er schließlich die riesigen Klosterbauten der Abteien Ebrach, Theres und Münsterschwarzach plante und durchführte, allgemein als der berühmteste Architekt Frankens.

1713 war Neumann soweit, daß er sich in den verschlungenen Pfaden der Mathematik offensichtlich bereits gründlich auskannte. Schon in der Egerer Lehrzeit hatte er mit den sogenannten Kalibermaßstäben der Artilleristen umgehen müssen, die nach dem Prinzip der Proportionalzirkel erdacht waren; er wußte nun die Grundidee dieser damals beliebten Instrumente, die Galilei als Ahnen nennt und auf eine Mechanisierung der Mathematik hinausläuft, indem sie das Rechnen mit geometrischen Größen auf ein Ablesen reduziert, auf sein neues Spezialgebiet, die Architektur, auszudehnen. Neumann hat sein noch erhaltenes „Instrumentum Architecturae“, das er 1713 erfand und, wie viele Mathematiker ihre Werkzeuge, selbst anfertigte und signierte, so konstruiert, daß er, im Gegensatz zur bisherigen Architekturtheorie, nicht von gleichen Säulendurchmessern und damit verschiedenen Höhen der klassischen Säulensysteme ausging, sondern – und hier zeigt sich nicht nur der Mathematiker und Konstrukteur, sondern der Praktiker – gleiche Hohen zugrunde legend, nun die wechselnden Säulendurchmesser ablesen kann.

1714 trat Neumann mit 27 Jahren als Fähnrich in die Schloß-Leibkompagnie ein; er gehörte damit zur Garde des Fürstbischofs und tat Dienst als Stückjunker, das heißt Geschützjunker, wurde also Adjutant seines Lehrers Andreas Müller. Nach weiteren 27 Jahren hatte er es in dieser militärischen

Würzburg, Reihenhäuser Burkarderstraße 28–32,
links Eigenhaus Neumanns, 1719 (Aufnahme 1935)

Laufbahn, die er mit vielen Architekten der Zeit teilte, bis zum Oberst gebracht. Alsbald begann eine große Arbeit für ihn: die Anfertigung eines heute noch in alter, getreuer Kopie erhaltenen Stadtplanes; diese riesige Arbeit, die das Probestück für seine praktischen Kenntnisse war, kam 1715 zum Abschluß. Seither begleitete Neumann öfters Müller und Greising auf ihren Reisen im Hochstift und wurde, zum Beispiel 1716 in Ebrach, auch schon als Kenner des Wasserbaues in Anspruch genommen.

Neumann nimmt 1717 als Ingenieur an der Belagerung und an der viel besungenen Eroberung Belgrads unter Prinz Eugen teil. Nach dem Fall der heißumkämpften Festung ruft ihn der Hofkriegsrat nach Wien, wo er nun auch der künstlerischen Welt seines Heerführers begegnet, und bietet ihm ein kaiserliches Hauptmannspatent an. So war einst auch Lukas von Hildebrandt nach Wien gekommen. Der dreißigjährige Neumann schlägt aber diese Ehre aus, um noch mehr zu sehen und zu lernen. Er gehört 1718 zum Stabe des kaiserlichen Generalgouverneurs in Mailand, des fränkischen Fürsten Maximilian Karl zu Löwenstein, arbeitet dort und lernt die oberitalienische Barockarchitektur kennen; kurz nach der Heimkehr folgt alsbald die Ernennung zum würzburgischen Ingenieurhauptmann. 1719 kann Neumann sich in der Burkarderstraße, am Fuße der Festung Marienberg, mit einem Darlehen der Hofkammer ein kleines Haus in einem bescheidenen, schlichten Reihenbau für Hofbedienstete errichten.

Drei Schönborn-Generationen, Ausschnitt aus Lippolds Altarbild in Gaibach. Hintere Reihe von links nach rechts: Fürstbischof Joh. Phil. Franz, Kurfürst Lothar Franz, Kurfürst Franz Georg, Kardinal Damian Hugo, Dompropst Marquart Wilhelm, Reichshofrat Rud. Franz Erwein, General Anselm Franz. Vordere Reihe: Fürstbischof Friedrich Karl, Kurfürst Johann Philipp, Frhr. Philipp Erwein, Graf Melchior Friedrich

Hohe Schule der Baukunst

Ein Regierungswechsel ist es, der in diesem Jahre der neu begonnenen Laufbahn Neumanns eine andere, die endgültige Richtung gibt. Johann Philipp Franz Graf von Schönborn, von dem die Domherren schon fürchteten, daß ihm keine Equipage und kein Möbel mehr gut genug sein würde, wenn er zum Regiment komme, bislang Dompropst zu Würzburg, besteigt im Herbst 1719 den Bischofsstuhl. Er hat diese Besorgnisse weit übertroffen, angestachelt vom „Bauwurm", wie sein Oheim diese Schönbornsche Familienleidenschaft nannte. Es war Neumanns große Stunde, daß er fertig ausgebildet zur Hand war, als Schönborn gleich nach der Wahl sich entschloß, die Hofhaltung vom Marienberg in die Stadt zu verlegen: es galt zu vermessen und Pläne zu entwerfen; dazu rief ihn der Bischof, seine ersten Lehrer Andreas Müller und den vielbeschäftigten Baumeister und Unternehmer Joseph Greising übergehend.

Ausgebildet als Handwerker und als Ingenieur, als Zivil- und Militärarchitekt durch eine gründliche Schule gegangen, durch einige Reisen weitergebildet, steht Neumann, ohne bisher selbständig ein größeres Bauwerk entworfen und aufgeführt zu haben, gewissermaßen am Ende seiner zweiten Lehrzeit, als er mit der Residenz eine zunächst noch nicht allzugroße Planung unter die Hände bekommt, die sich dann allerdings sehr rasch zum bedeutendsten Projekt auswächst und sein eigentliches Lebenswerk wird.

Man kann Neumanns Aufstieg und sein Lebenswerk nicht begreifen, ohne einen Blick auf seine Gönner zu werfen. Der erste Schönborn auf dem Würzburger Thron, Johann Philipp (1642–73), seit 1647 auch Kurfürst von Mainz, hatte nach riesigen Befestigungsbauten in Würzburg den Auftakt für das fränkische Barockzeitalter gegeben; der Baumeister Petrini, die Maler Onghers und Ruel kamen bald an seinen Hof, und der Bildhauer Jacob van der Auvera trat später hinzu.

Sein Neffe Lothar Franz, seit 1693 Bischof von Bamberg und seit 1695 auch Kurfürst von Mainz († 1729), der Bauherr der neuen Bamberger Residenz und des großen Privatschlosses Pommersfelden, der Schöpfer der gewaltigen Galerie dort, der als Domherr schon Schloß und Park Gaibach gestaltete und als kurmainzischen Sommersitz die Favorite bei Mainz geschaffen hat, ist als Musterbild eines barocken Kunstfreundes in die deutsche Geschichte eingegangen. Er ist der Bauherr Leonhards und Johann Dienzenhofers, der Entdecker und Förderer Maximilian Welschs, der „Erzbaumeister" in einem Kreise dilettierender Kavaliere, der „Baudirigierungsgötter", wie er sie nennt, und er ist das Oberhaupt einer großen Familie, insbesondere der väterliche Freund seiner sieben Neffen und Nichten. Es stellt seinem Familiensinn und ihrer Tüchtigkeit ein glänzendes Zeugnis aus, daß unter diesen Neffen wieder ein Kurfürst, ein Kardinal und zwei Fürstbischöfe waren, dazu ein Ritter des Goldenen Vlieses und ein Feldmarschall-Leutnant, und unter den Söhnen der Nichten wieder ein Kurfürst und zwei Fürstbischöfe.

Mainz war im Jahrhundert des Barock über sechzig Jahre, Würzburg und Bamberg über fünfzig Jahre unter Schönbornscher Herrschaft, insgesamt aber hat die Familie damals über ein Dutzend geistliche Fürstenhüte bei sich versammeln können. In diesen durch Personalunion oder Verwandtschaft verbundenen Staaten wirkte Neumann, und mit ihm zahlreiche andere Hofkünstler der Schönborns, oftmals von einer zur anderen Residenz weiterempfohlen oder dringend ausgebeten.

*

Neumann ist, als er 1719 auf die große Bühne tritt, zwar ein fertiger Architekt im landläufigen Sinne, aber noch kein fertiger Künstler, vor allem auch noch kein erfahrener Bauleiter, der dem technischen und verwaltungsmäßigen Betrieb einer Großbaustelle schon vorgestanden wäre.

Da wurde es von entscheidender Bedeutung, welchen Eindruck der allgewaltige Kurfürst gewann, als Neumann ihm im Herbst 1719, bepackt mit den ersten Residenzplänen, im großen Schlosse Pommersfelden gegenübertrat. Lothar Franz, der stets ein trefflicher Menschenkenner war, rühmte seine rasche Auffassungsgabe, seine Bereitwilligkeit, auf Vorschläge einzugehen, und meinte, daß ihm nur einige Jahre Auslandsreisen fehlten; man dürfe sich aber viel von Neumann versprechen, und er empfahl ihn dem Neffen angelegentlich zur Förderung.

Kein Zweifel, daß nun die letzte Barriere zum Erfolg überwunden war; des Kurfürsten Wort hat Andreas Müllers Ratschlägen und der Egerer Hilfsbereitschaft recht gegeben und Neumann jetzt als rechte Hand des Würzburger Bischofs qualifiziert. Es war nur von Vorteil, daß des Bischofs Bruder, der Reichsvizekanzler Friedrich Karl in Wien, auch eben beim Oheim in Franken war und, zu der Besprechung hinzukommend, als verwöhnter Freund und Gönner Lukas von Hildebrandts des Kurfürsten Meinung bestätigte, denn er selbst wurde ja später Neumanns größter Bauherr.

Freilich konnte der Bischof seinen Baumeister jetzt nicht lange auf Reisen schicken, denn er bedurfte seiner nun viel zu notwendig für eine Fülle großer Projekte; dafür hatte Neumann das große Glück, daß er nun auf Jahre hinaus mit den führenden Architekten Süddeutschlands und Frankreichs in enger Zusammenarbeit stehen durfte. Was konnte einem Künstler vom Range und vom Schlage Neumanns Erwünschteres zustoßen, als mit den Großen seiner Zeit an ein und derselben Aufgabe zu arbeiten und dabei, im Zentrum der Planungen sitzend, selbst lernend zu wachsen?

Johann Dienzenhofer, der nun schon kränkelnde Baumeiser Pommersfeldens, der Schöpfer des Fuldaer Domes und der Banzer Kirche, wurde für die Bauführung des bald ins Riesenhafte sich dehnenden Bauvorhabens – aber nur für diese – verpflichtet. Maximilian von Welsch, der kurmainzische Oberst, Festungsbaumeister und Hofarchitekt, wurde durch den Oheim, der die Planung zeitweilig nahezu an sich riß, als mitplanend eingeführt; die drei Kavalierarchitekten: Freiherr von Ritter zu Grünstein als glänzend talentierter Schüler der Pariser Akademie, Freiherr Philipp

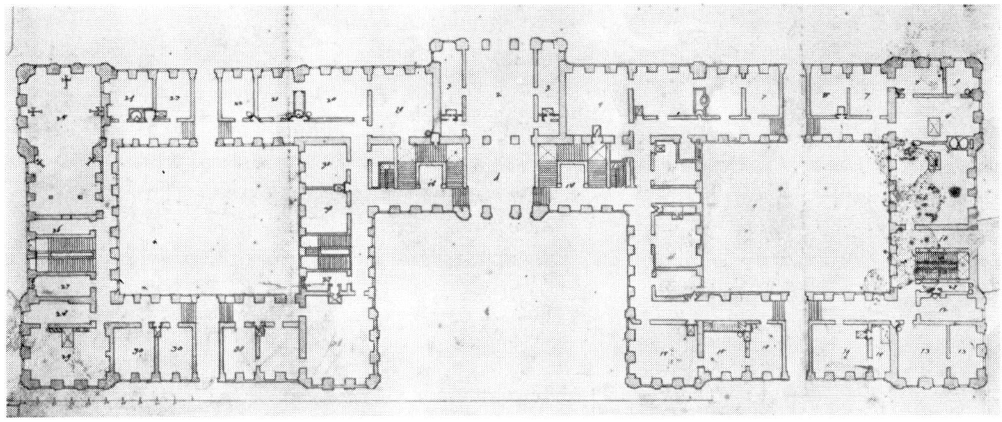

Residenz Würzburg, erster Grundriß-Entwurf, 1719. Mainfränkisches Museum, Würzburg, 1945 verbrannt

Christoph von Erthal und Hans Georg von Rotenhan fungierten in der zweiten Linie; starken Einfluß nahmen dazu der Reichsvizekanzler Friedrich Karl Schönborn in Wien und sein Freund Lukas v. Hildebrandt, der die Planungen noch durch lange Zeit zugesandt bekam und wiederholt in Würzburg erschien.

Schließlich reiste Neumann 1723 mit den ausgearbeiteten Schloßplänen auf ein Vierteljahr nach Paris – ähnlich wie der junge Dresdner Baumeister Pöppelmann nach Rom geschickt wurde von seinem Kurfürsten, „uns seine Kunst mit den vornehmsten Baumeistern dort zu überlegen". Durch des Bischofs Bruder, den Kardinal von Speyer, wurde er an den einflußreichen und baufreudigen Kardinal Rohan empfohlen, der Neumann den Zutritt zu den Hofarchitekten Germain Boffrand und Robert de Cotte ebnete. Die Pariser Briefe des Meisters geben ein anschauliches Bild von dieser für seine Entwicklung bedeutenden Episode und auch von dem diplomatischen Geschick, mit dem er die beiden Künstler zu behandeln versteht; mit de Cotte kommt es darüber hinaus zu keinem engeren Kontakt, während sich zu Boffrand ein persönliches Verhältnis entwickelt, das 1724 zu einem Gegenbesuch Boffrands in Würzburg und Franken führt und zu einem durch Jahre fortgesetzten Briefwechsel.

Es wird kaum ein zweites Bauwerk von solcher Größe und Bedeutung geben, über dessen Werden so viele Hunderte von Briefen, Akten, Plänen und Zeichnungen erhalten blieben: über hundert persönliche Briefe des Bauherrn, des Kurfürsten, des Vizekanzlers und der Baumeister gingen allein im ersten Halbjahre der Planung zwischen Würzburg, Mainz und Wien hin und her. Und doch ist natürlich viel Wesentliches im unmittelbaren Gespräch der Beteiligten entschieden worden und also in den Briefen und Plänen nicht zu finden; so konnte unter Verkennung dieser Umstände vor reichlich einem halben Jahrhundert eine heftige wissenschaftliche Fehde entbrennen, in der Neumanns Stellung zwischen der eines genialen Alleinschöpfers und der eines völlig einflußlosen Bautechnikers schwankte.

Es ist heute unbestritten, daß das Würzburger Schloß, wie es vor Augen steht, vor allem Neumanns Werk ist, daß er nicht nur die ersten, für alles Spätere grundlegenden Entwürfe lieferte, sondern daß er es war, der aus der Fülle aller einströmenden Ideen und Wünsche ein einheitliches Ganzes werden ließ; fest steht auch, daß er es war, der mit souveräner Hand einen Künstlerstab von überragendem Rang und von stattlichem Umfang zu verpflichten und nach seinen Ideen zu beschäftigen wußte und damit ein Gesamtkunstwerk schuf, das in dieser Art tatsächlich einzigartig genannt werden muß. Aber es ist auch unbestritten, daß ohne die anfängliche Mitarbeit der anderen das Schloß nicht das geworden wäre, was es jetzt darstellt. Man kann bei der Wertung des Erreichten wohl keinen unbestechlicheren Beurteiler als den großen Georg Dehio finden, der das Würzburger Schloß als den vollkommensten Profanbau des 18. Jahrhunderts ansah.

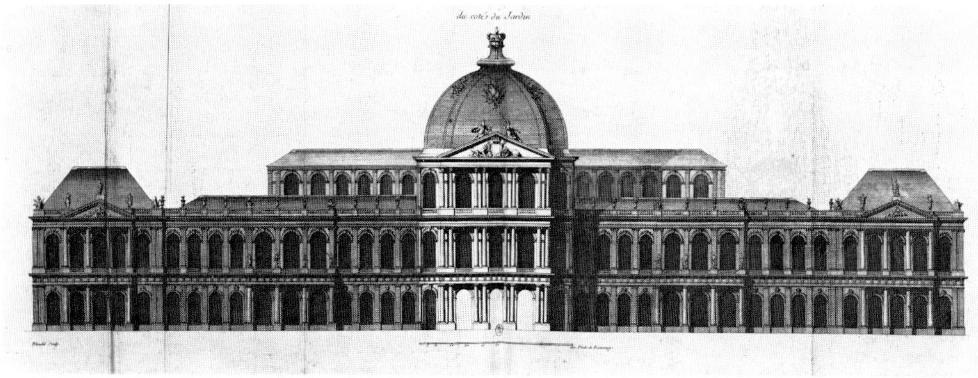

Germain Boffrand, Entwurf für die Würzburger Residenz, 1723, Kupferstich 1745

Es ist wichtig zu erwähnen, daß am Platze des heutigen Brunnens beim Ehrenhof der Residenz schon ein kleines Palais mit offenem Hof gegen den „Graben", die später angelegte Theaterstraße, stand, das Petrini um 1701, ähnlich dem benachbarten Rosenbachhof an der linken Platzwand, errichtet hatte; es war schlecht gebaut, wurde nie bezogen und sollte 1719 anfangs nur umgebaut werden. Daraus blieb auch die hufeisenförmige Gestalt des ersten Neubauplanes, der aber neben einem großen Ehrenhof dann zwei seitliche Binnenhöfe vorsah und vor allem schon die heutige Frontlänge von 167 m hatte; das war Neumanns Werk; auch die Gliederung in zwei Haupt- und zwei Zwischengeschosse kommt aus dem Wunsche des Bauherrn und der Planung seines Architekten; ihr Detail zeigt dann unverkennbare Einflüsse aus Neumanns Wiener Aufenthalt und aus Hildebrandts Mitarbeit.

Entscheidend für die künftige Situation wurde eine Anregung des Kurfürsten, dieses eifrigen Bauherrn von Format, der auch das Pommersfeldener Treppenhaus selbst ersonnen hatte, das neue Schloß nicht mehr schräg auf dem Platz stehen zu lassen wie seinen kleinen Vorläufer, sondern es mit seiner Achse auf die Spitze der Bastion auszurichten; dadurch kam der Bau in eine harmonische Beziehung zu der ihn begrenzenden barocken Stadtbefestigung und zu dem benachbarten Rosenbachhof, dadurch wurde auch erst die Parallele zur alten Stadtmauer und zur Altstadt sowie schließlich die spätere großzügige Platzgestaltung samt der axialen Beziehung mit Dom und Festung möglich.

Ein Ereignis am Rande brachte einen anderen folgenreichen Eingriff: aus dem Prozeß gegen den ungetreuen Hofkammerdirektor des Vorgängers standen dem Bischof 500000 Gulden, an Kaufkraft weit über 20 Millionen nach unserem derzeitigen Geldwert, zur Verfügung, und er bestimmte sie zum Schloßbau. „Nur wacker Baukonzepter her", schrieb jetzt der Kurfürst voll Begeisterung, der das ganze Bauwesen ohnedies als ein Familienunternehmen ansah; sein Berater Welsch entwarf einen um zwei Höfe vergrößerten Plan und schuf damit im großen und ganzen den ausgeführten Grundriß mit vier statt bisher zwei Binnenhöfen.

Um Einzelheiten des Grundrisses und der Aufrisse wird oft noch erbittert gerungen; der Kurfürst schickt seine Bauberater einmal zusammen nach Würzburg und erwartet selbst in Mainz ihre Nachrichten so gespannt wie ein Feldherr, der begierig ist, vom Ausgang seiner Schlacht zu hören; es fehlt gelegentlich auch nicht an heftigen Worten und Ärger auf allen Seiten.

Im Mai 1720 wurde unter Pauken und Trompetenschall der Grundstein am Rennweger Tor gelegt; nach vier Jahren war der linke vordere Trakt mit seinen vier Flügeln um den nordwestlichen Binnenhof fast vollendet, und die Ausstattung hatte schon begonnen. Der Bischof wohnte seit 1720 zur Miete im Rosenbachhof nebenan, um die Baustelle immer vor Augen zu haben.

Der Schloßbau war also längst im Gange und vieles dadurch schon endgültig festgelegt, als Neumann 1723 nach Paris kam; es galt hier vor allem, die innere Einteilung und die Fragen der Bequemlichkeit und Zweckmäßigkeit zu lösen und zu studieren, in deren Behandlung ja die Franzosen

Schloss Werneck, Gartenfront

M. v. Welsch, Entwurf für die Fassade der Hofkirche im Nordoval der Residenz Würzburg, 1719/20. Mainfränkisches Museum, Würzburg (Hist. Verein), 1945 verbrannt

Meister an Erfahrung und Erfindung waren; dann ging es um die Gestaltung der seitlichen Ehrenhoffronten und um die Hofkirche, die im Nordoval am Rennweg und dem anstoßenden Flügel zwischen den Höfen Platz finden sollte, und um die Haupttreppenanlage; sie veranlaßten den wichtigen Verzicht auf die ursprüngliche Idee zweier kleiner Treppenhäuser zugunsten des einen vergrößerten nördlich der Einfahrt.

Plötzlich schien alles in Frage gestellt – der weitere Bau der Residenz und Neumanns eigene Zukunft auch –, als kurz nach dem Würzburger Besuche Boffrands im August 1724 der Bischof ganz unerwartet einem Schlage erlag und das Domkapitel nun nicht seinen Wiener Bruder, sondern den Führer der Opposition gegen die Schönborn, den Domdechanten Christoph Franz von Hutten, zum Nachfolger wählte. Sein Kapitelsbaumeister Georg Bayer hatte ihm schon ein Schlößchen und Greising eine Kirche im Familiensitze zu Steinbach gebaut, aber Hutten war sparsam und vor allem ein Freund der Wissenschaften. Zahlreiche Künstler und Handwerker wurden entlassen; der Residenzbau wurde eingestellt, nur das bereits unter Dach Stehende sollte als Bischofswohnung eingerichtet werden.

*

Schönborn hatte sich durch seine großen Pläne viel Widerstand geschaffen und natürlich auch Neumann, der meist selbst der Urheber, immer aber der Planer und Gestalter war. Schon mit den ersten Residenzentwürfen entstand die Idee einer repräsentativen Verbindung zwischen Schloß und Kathedrale; so mußte eine Anzahl von Häusern fallen, um die heutige Hofstraße zu schaffen.

Neumann arbeitete 1720 eine umfangreiche Denkschrift mit vielen Vorschlägen zur Verschönerung der Stadt aus; es ging um die Gestaltung der alten Stadtmauern und Gräben, um die Anlage schattiger Promenaden, dann aber auch um so einschneidende Projekte wie die völlige Neubebauung des rechten

Entwurf für eine Medaille des Fürstbischofs Hutten mit Stadtansicht, 1725. Privatbesitz München

Mainufers und der ganzen Domstraße nach einheitlichem Plane; hier standen die Erörterungen um eine Domfassade Pate, die Schönborn schon als Dompropst betrieben und durch Welsch 1718 hatte entwerfen lassen. Die Beseitigung der alten Häuser an der Brückenauffahrt wurde vorgeschlagen und auch bald durchgeführt, wodurch der schöne Platz vor dem Rathaus entstand; dann wurde der alte Brückenturm nach Neumanns Vorschlag abgebrochen und dadurch die Brücke samt Domstraße zur Auffahrt zwischen Festung und Dom erhoben; das zog kurz darauf auch den reichen Figurenschmuck der Brücke nach sich, die damit zu einem Wahrzeichen der Stadt wurde.

1721 wird die behördliche Aufsicht über das gesamte bürgerliche Bauwesen verkündet; der Erlaß geht in seiner präzisen Formulierung auf Neumann selbst zurück und ist ein echtes Gewächs absolutistischer Herrschaft. 1722 wird eine Baukommission konstituiert, und nun kann in Würzburg nichts mehr ohne Vorwissen und Bewilligung Neumanns gebaut werden, der dadurch, wenn auch ohne Titel, so doch praktisch zum fürstlichen Stadtbaudirektor wird; das Mandat ist die gesetzliche Grundlage für die fortan durch Jahrzehnte geleistete Arbeit, mit der man das bürgerliche Bauwesen natürlich nicht behindern, sondern in bestimmte Bahnen lenken wollte: Verbot aller Erker, einheitliche Modellplanungen, aber auch erhebliche Steuervergünstigungen für Neubauten je nach Aufwand und Schmuck; Alt-Würzburg verdankte dem sein Stadtbild mit der Fülle schöner Barock- und Rokokofassaden und mit der Schar seiner Hausfiguren. Die umfangreichen Akten der Baukommission, die im einzelnen eine Fülle von Material bieten, wurden in neuerer Zeit wiederentdeckt und ausgewertet, wodurch erst eine weitere Seite im Wirken Neumanns deutlich geworden ist.

Um die Nachbarschaft der Residenz, die ja im Freigelände vor der Altstadt lag, zu gestalten, mußten Stifte und Klöster selbst bauen oder verkaufen. Neumann wurde vom Bischof veranlaßt, zusammen mit einem Hofbeamten in der Kapuzinergasse dem Bürgerspital Gelände abzukaufen und einen großen Mietblock zu errichten; daraus wurden seit 1722 zwei Palais. Das große dreigeschossige in den noblen, zurückhaltenden Formen war Neumanns Eigenhaus; es hatte Werkstätten im Erdgeschoß und einen reich stuckierten Festsaal im zweiten Obergeschoß (heute Rotkreuzklinik). Der Meister mag sich wohl etwas übernommen haben, weil er das Haus schon bald an den Bruder des Bischofs Hutten verkaufte und dagegen den alten Huttenschen Hof in der Franziskanergasse für sich eintauschte. Die

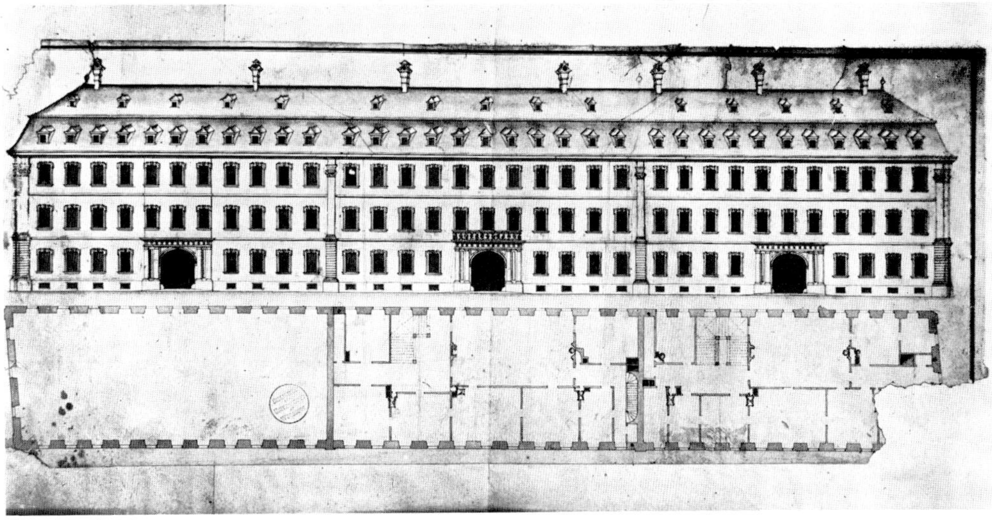

Erstes Projekt für Neumanns Eigenhaus samt Wohnblock in der Kapuzinerstraße in Würzburg, 1722. Univ.-Bibliothek, Würzburg

sympathische, still-verschlossene Korrektheit dieser frühen Fassade des Neubaus kennzeichnet, wie die Klosterfront in Heidenfeld, Neumanns persönlichen Stil zur Zeit der Pariser Reise am besten.

Damals entstehen die „neue“ Mainkaserne, am Uferplatz des jetzigen Wirsberg-Gymnasiums und eine Anzahl von Zweckbauten in Stadt und Land, die teils von Neumann entworfen, teils in der Planung überarbeitet oder umgebaut wurden. Dazu gehören schlichte, aber formschöne Gebäude wie das Amtshaus in Prosselsheim, das Dietricherspital am Markt in Würzburg oder das Gasthaus zum Hirschen gegenüber dem Rathaus, das – wie die anderen bisher genannten Würzburger Häuser – nach dem Stadtbrande jüngst erst wiedererstanden ist und, mit dem Vierröhrenbrunnen zusammen, noch ein echtes Stück vom Neumannschen Würzburg und dem heiteren Geist der früheren Altstadt bewahrt hat.

Hatte Neumann 1715 den Grundriß der Stadt als eine Art Bestandsaufnahme Würzburgs vor Beginn seines eigenen Schaffens aufgenommen, so entwarf er 1722 eine große Vogelschau-Ansicht von Stadt, Festung und Bastionenkranz, die, von ihm namentlich unterzeichnet und von Salver gestochen, 1723 als Kupferstich erschien und zwar, wie damals üblich, als Thesenblatt für eine Promotion in dem stattlichen Format von über 150 cm Breite. Das eigentliche Stadtbild, auf dem sowohl die Residenz entsprechend dem damaligen Planungszustand wie auch sein eigener Hausbau gut zu erkennen sind, ist von einer pompösen Schauarchitektur in Gestalt einer Triumphpforte gerahmt, die Neumanns künstlerische Beziehung zu Welsch ganz deutlich demonstriert; auf kleinen Medaillons sind neue Bauvorhaben eingesetzt – das Ganze ist eine Darstellung dessen, was Schönborn und Neumann sich vorgenommen hatten. Durch die Übernahme einer Nachzeichnung in Hohmanns 1725 erschienenen Atlas ist dieses Stadtbild bis auf den heutigen Tag weitverbreitet geblieben, während von dem großen signierten Thesenblatt selbst überhaupt nur noch ein einziges gut erhaltenes Exemplar bekannt ist, das sich im Mainfränkischen Museum befindet.

Eine große Rolle spielte durch die ganzen zwanziger Jahre der Ausbau der Burg- und Stadtbefestigung; hier wurde Welsch der große Lehrmeister Neumanns, der wohl überhaupt in seiner vielseitigen Tätigkeit als Architekt, Offizier und Ingenieur des jungen Neumanns Vorbild war. Alle Vierteljahr kam der Mainzer Architekt zur Inspektion, ritt mit Neumann um die Stadt und entwarf weitgreifende Fortifikationspläne, deren Ausführung Neumann zufiel, vor allem den Maschikuliturm über dem Leistengrunde am Südwesthang des Marienberges, die Teufelsschanze auf der Nordseite und ein

Hof „Oberfrankfurt“ in Würzburg, Franziskanerstraße, erbaut um 1700.
Seit 1725 Wohnhaus Balthasar Neumanns (Aufnahme 1935)

riesiges Bollwerk mit einem „fer a cheval“ und einem „Hexagon“ gen Westen, dessen Fortführung später aufgegeben wurde.

*

Neumanns Lehrer Müller und Greising waren 1721 gestorben. Die großen Abteien hatten ja durchweg bauverständige Patres, und so baute man in Ebrach, Schwarzach und Theres, ohne einen neuen Architekten zu verpflichten, nach den vorhandenen Plänen weiter. Neumann rückte nun aber dort gleich an Greisings Stelle, wo neu zu planen war, und so erscheint er seit 1723 im Augustinerchorherrenstift Heidenfeld mit Plänen und Modellen für den neuen Klosterbau; hier entsteht eine große, sehr schlichte Front mit Risalit und Pavillons, der man die zeitliche Nähe der Pariser Reise in ihrer kühlen Prägung anmerkt. Neumann wird 1725 und 1726 auch nach Mergentheim gerufen, um als Berater am Umbau des alten Schlosses für den Trierer Kurfürsten und Deutschmeister Franz Ludwig von Pfalz-Neuburg zu planen.

So wuchs sein Ruf, und er mußte darin Trost finden für viele, oft sehr kränkende Zurücksetzungen und Bevormundungen durch die neue Hofclique Bischof Huttens in Würzburg, der er natürlich, und gewiß mit Recht, als Statthalter der Schönbornpartei galt; Bischof Hutten als letzte Instanz war aus politischen Gründen freilich klug genug, dem Baumeister immer ein gnädiger Herr zu sein, und beförderte Neumann zum Major und gewährte ihm auch ein neues Darlehen für die Gründung eines eigenen Haushalts.

Achtunddreißigjährig führte Neumann nun im Jahre 1725 die Tochter des Geheimen Hofrats und

Würzburg, Schönbornkapelle, Querschnitt.
Mainfränkisches Museum, Würzburg

Holzkirchen, ehem. Propstei-Kirche, Aufriß.
Mainfränkisches Museum, Würzburg

späteren Vizekanzlers Dr. Schild heim. Dadurch kam er in enge verwandtschaftliche Bindung zu den alten Beamtenfamilien; über seine Schwiegermutter Reibelt, Tochter eines Würzburger Bürgermeisters, wurde er auch mit Hofrat Fichtel und mit Geh.Rat Böttinger in Bamberg verschwägert, der wiederum der Schwiegervater des Neumann-Schülers Küchel war. Kurfürst Schönborn hatte dem Architekten seine Privatkapelle im Schönbornhof zur Trauung überlassen, und Graf Rudolf Franz Erwein Schönborn schickte zum Hochzeitstag einen Abgesandten mit einem Geschenk aus Wiesentheid.

Bischof Schönborn hatte schon als Dompropst die Idee gefaßt, eine eigene Grabkapelle für seinen Großoheim und seinen Oheim, die beiden Kurfürsten, und für sich selbst an den Dom zu bauen, wobei ihm Erinnerungen an die Medicäer-Kapelle in Florenz vorschwebten, die er in jungen Diplomatenjahren dort gesehen hatte. 1718 ließ er sich vom zuständigen Baumeister des Domkapitels, dem Greisingschüler Georg Bayer, der sich selbst immerhin das aufwendige Wohnhaus Neubaustraße 14 errichtet hatte, einen ersten, nicht eben geistreichen Entwurf für ein bescheidenes Kapellchen machen; Georg Hennicke, der ideenreiche Stukkateurarchitekt des Ebracher Treppenhauses, hat kurz darauf eine reizvollere Lösung entworfen, indem er einen kuppelüberwölbten Hauptraum mit Seitenräumen hinter gefälliger Fassade entwarf. Dann trat zunächst der Residenzbau in den Vordergrund, aber die neue Hofstraße sollte als Blickpunkt vom neuen Schlosse her die geplante Begräbniskapelle erhalten. 1721 machte Welsch einen Entwurf, der räumlich den nun quadratischen Mittelraum noch konsequenter ausscheidet und der Fassade ein pompöses Gewand verleiht; er bestimmte das Äußere der heutigen Kapelle, an deren Gestaltung übrigens auch Ideen Lukas von Hildebrandts mitwirkten.

Erst 1722, als der Bau schon im Gange war, schaltete Neumann sich mit dem Vorschlag ein, die Rotunde im Inneren statt der Pfeiler mit Säulenpaaren zu bestellen, und entschied damit das

Ehem. Benediktiner-Abtei Münsterschwarzach, Kupferstich, 1743

schließliche Raumbild durch ein sehr wirkungsvolles, für die deutsche Kirchenbaukunst neues Motiv. Neumann hat sich hier – es ist sehr bezeichnend für sein ganzes Schaffen – vor allem für die Raumgestaltung interessiert, und seine Stärke offenbart sich dabei erstmals ganz klar. Der Vorschlag der Verbindung des Mittelraumes mit den seitlichen Ovalen lag schon vor und kann nur von Dienzenhofer, der ja damals ständig in Würzburg war, gekommen sein; Neumann entwickelte diese Idee weiter und brachte sie in ihre künstlerisch vollendete Form. Er wußte sich also im Kreise der berühmten und erfahrenen großen Meister bemerkbar zu machen und durchzusetzen, wie an diesem kleinen, aber künstlerisch hervorragenden Werk deutlich wird.

Das originellste und bedeutendste Werk dieser Stilstufe wäre die erste Hofkirche der Würzburger Residenz geworden, die ja anfangs im Nordflügel am Rennweg geplant war; Welsch hatte deswegen vorgeschlagen, den Mittelbau dieser Nordfront im Grundriß oval auszubilden, und hat damit auch die Gestalt des Südovals bestimmt. Die Entwürfe zeigen als Raumgrundriß ein kurzes Oval und im Aufriß das Untergeschoß mit Pfeilerarkaden gegliedert, während das Hauptgeschoß aus weitgestellten großen Freisäulen gebildet sein sollte; in einer anderen Planung wird das Langhaus zusätzlich zum Oval aus dem Flügel zwischen den Höfen gewonnen und das Oval zum Chorraum bestimmt, während ein zweigeschossiger Umgang von gekuppelten Säulen sich um die ganze Kirche zieht; in der Tat eine imposante Verquickung von Lang- und Zentralraumgedanken. 1724 kam mit Schönborns Tod auch diese Planung zum Erliegen.

Graf Rudolf Franz Erwein von Schönborn, ein von der ganzen Familie stets befragter Gartenfachmann und Musikfreund, hatte sich in Wiesentheid ein standesherrliches kleines Reich geschaffen. 1727 wurde Neumann von diesem Schönborn der Entwurf für eine neue Pfarrkirche in Wiesentheid aufgetragen; sie sollte den massigen Turm von der Vorgängerin übernehmen, und Neumann entwarf für die Schauseite ein neues Turmgeschoß mit Helm, der das Umland weithin beherrscht. Es ist ein Fassadentyp, wie ihn Petrini in Kitzingen schon entwickelt, und Greising, zweifellos unter dem

Abtei-Kirche Münsterschwarzach, Original-Modell aus der ersten Planungszeit, 1727. Bayer. Nationalmuseum, München

Eindruck des von Petrini umgestalteten Neubauturmes, auch für Bischof Greiffenklau in Gereuth, in Friesenhausen und kurz zuvor noch für Bischof Hutten in Steinbach wiederholt hatte. Die saalartige Weite der Kirche mit eingezogenem Chor erhält ihr Gepräge durch die großen, eleganten Fenster und die illusionistische Freskomalerei des Italieners Marchini, der schon in Pommersfelden Proben seines virtuosen Könnens abgelegt hatte und hier nun die ganz flache Decke zu einem großen Scheingewölbe gestaltete. Nestfells bravouröse Einlegarbeiten, insbesondere am Hochaltar, am Gestühl und den Logen, tun ein übriges, um Neumanns Kirche zu verschönern. Als Bauleiter war hier Georg Seitz tätig, dessen Sohn Johann Seitz später als wichtigster Schüler Neumanns am Rheine wirkte. Er hat, wie der Bauherr selbst, an manchem wichtigen Detail der Planung mitgewirkt.

Man holte Neumann jetzt auch in die fürstäbtlich fuldische Propstei Holzkirchen bei Würzburg, wo der Bruder des Bischofs Hutten als Propst regierte, um dort eine Kirche zu entwerfen, nachdem Dienzenhofer, der für Fulda ja schon den großen Dom gebaut hatte, 1726 gestorben war. Neumann plante eine vom akademischen Geist inspirierte, klassizierende Rotunde mit Fensterarkaden und vor die Wand gestellten Dreiviertelsäulen; ihre noble Gliederung scheint noch ganz aus dem Geist der Versailler Schloßkapelle gewachsen; vor allem die elegante Kuppel samt Laterne gibt ein Bild von Neumanns Wollen zu dieser Zeit unter dem Einfluß der Pariser Reise. Leider ist das Kuppeldach im 19. Jahrhundert falsch in Zeltform erneuert und auf eine hohe neue Attika gesetzt worden, so daß das Äußere der Kapelle, das im Grundriß als Viereck mit breit abgeschrägten Ecken gestaltet wurde, jetzt insgesamt unbefriedigend wirkt.

Gleichzeitig entstand Neumanns erster großer, eigener Kirchenbau, das Gotteshaus der Benediktinerabtei Münsterschwarzach am Main. Es sollte das gewaltige Werk des Klosterneubaus krönen, das mit Greisings aufwendigem Ehrenhof 1724 vollendet worden war. Neumann konnte den Auftrag um so eher annehmen, als ja der Würzburger Residenzbau ruhte, und so wurde er für die ganze Dauer des Kirchenbaus gegen Entgelt als Baudirektor des Klosters verpflichtet. Er beschäftigte auch hier, wie später fast überall, einen tüchtigen ländlichen Werkmeister als ständigen Vertreter.

Langsam, aber stetig wuchs das gewaltige Gotteshaus, aus dem leuchtend gelben Abtswinder Sandstein gebaut, seit der Grundsteinlegung 1727 in fünfzehn Jahren empor; 1730 waren Chor und Querhaus gewölbt, und Neumann holte sich damals den Wiesentheider Grafen zu Hilfe, um Abt und Konvent wegen einer Vergrößerung der Kuppel zuzureden, die dann 1733 auch gewölbt wurde. 1736 konnte man am Schluß des Langhauses mit der Fassade beginnen, für die Neumann seine schon bald zehn Jahre alten strengen Entwürfe, wie sie das erhaltene Modell noch zeigt, durch neue, mit bewegterer Gliederung und leichterem Umriß ersetzt; hier tauchen zum ersten Male die bald so charakteristisch gewordenen, stark eingezogenen Zwiebelhauben auf.

Eine Anzahl erhaltener Pläne und das große Holzmodell verraten das Werden der Ideen und ihre endgültige Formung. Neumanns erster Entwurf zeigt die kreuzförmige basilikale Anlage mit einer Kuppel über vier Säulenpaaren und großer Doppelturmfront. Es folgt eine neue Planung mit veränderten Proportionen und ausgeschiedener Vierung, während die umlaufenden Emporen in den Abseiten zurücktreten und auf die Höhe des monumentalen Sockels gesetzt werden. Die Kuppelpfeiler werden nun abgeschrägt und Doppelsäulen davorgestellt, und dadurch entsteht ein beherrschender Mittelraum, der die vier Kreuzarme geradezu an sich zieht; die Wandgliederung durch ein sehr hohes Sockelgeschoß und ein Hauptgeschoß mit gekuppelten Kolossalpilastern ist eine Erinnerung an die Motive der geplanten ersten Würzburger Hofkirche.

Die jene Zeit bewegenden Probleme des Langbaus und des Zentralbaus griff Neumann hier zunächst einzeln auf; erst später wird er sich ihre Verschmelzung zum Ziele setzen.

Die Kuppel, die anfangs niedrig gedacht war und bis auf eine Laterne ganz im Dach blieb, ist an dem Holzmodell schon freier und größer herausentwickelt. Die Ausführung zeigt ein großer 1743 in der Festschrift „Magna Gloria“ zur Kirchweihe erschienener Stich; sie fällt mit ihren wesentlichen Akzenten, eben der Kuppel und der Fassade, schon in Neumanns reifste Zeit. Dieser in seinen Abmessungen sehr große Kirchenbau – 80 m Länge –, den Fürstbischof Friedrich Karl als schönste Kirche Deutschlands bezeichnete, wurde von den ersten Künstlern ausgestattet: von Joh. Ev. Holzer, Bergmüller und den beiden Tiepolo, von Feichtmayer und Auvera; ihm wurde ein trauriges Schicksal zuteil: 1803 Staatseigentum geworden, wurde er in der Biedermeierzeit völlig zerstört. Ludwig Richter hat 1837 noch die Ruine während des Abbruchs gezeichnet.

*

Die zwanziger Jahre waren eine Zeit der wachsenden Reife für Neumann geworden; er steht nun vor der Höhe des Schaffens, als ein Thronwechsel ihn 1729 zu größter Aktivität und zu ehrenvollen Aufträgen, zu fast erdrückender Arbeitslast und herrlichen Aufgaben ruft.

Neumann ist, als der Nürnberger Porträtist Kleinert ihn 1727 malt, vierzig Jahre alt; er ist, was auch die Dokumente, seine Briefe und die Schrift verraten, ein kerngesunder, energischer Mann und ein völlig lauterer Charakter. Zu der kräftigen, reichlich mittelgroßen Statur paßt das ovale, von hoher Stirn bestimmte Gesicht mit der kräftigen, geraden Nase, dem vollen Mund und dem gerundeten kräftigen Kinn; es wird beherrscht von den freundlich, aber aufmerksam prüfend blickenden hellen, großen Augen, in denen Wohlwollen und auch Humor sich mit Selbstbewußtsein und unbestechlicher Beobachtungsgabe mischen. Nicht ohne Stolz verweist des Meisters Linke auf die Residenz, während die Rechte, auf ein Kanonenrohr gestützt, einen Festungsplan hält; der Militär- und Zivilarchitekt ist als Artillerieoffizier dargestellt.

So sieht auch Tiepolo den Mittsechziger noch kurz vor dem Tode voller Kraft und Energie, nun etwas voller, mit kurzem Halse und einer überraschend feingliedrigen Hand, die das ganze Genie des

Balthasar Neumann, Gemälde von Markus Friedrich Kleinert, 1727, Ausschnitt.
Mainfränkisches Museum, Würzburg

Künstlers und Ingenieurs verrät. Offenen Blickes und mit der selbstverständlichen Gelassenheit des geborenen Baumeisters schaut er auf sein Werk, das riesige Gewölbe des Würzburger Treppenhauses; nicht nur das Ringen, sondern die Sicherheit instinktiven Wissens, nicht nur das Problematische, sondern die stille Heiterkeit des souveränen Könnens machen sein Wesen aus.

Obwohl Fürstendiener, steht Neumann doch immer jenseits aller Intrigen und übersteht sie deshalb; er scheut sich nicht, auch den höchsten Dignitären gegenüberzutreten, wenn sie Unbilliges verlangen, und das Vertrauen seiner Bauherren ist zu keiner Stunde getrübt. Neumann muß sich in der Anrede, wie der Hofkanzler als höchster Beamter, das damals übliche „Du" des eigenen fürstbischöflichen Herrn gefallen lassen und nimmt, mit unverhohlenem Mißfallen zwar, auch manchen Eingriff des überempfindlichen, weil kränklichen Hildebrandt hin. Seine Briefe sind allezeit korrekt, mit den der Zeit eigenen betont devoten Formulierungen, jedoch ohne den Überschwang, dessen sich etwa sein Wiener Schüler Tatz bedient.

Wo die natürliche Distanz zum eigenen Herrn wegfällt, der es übrigens nie an Lob und Anerkennung fehlen läßt, klingt im Verkehr mit dem Kardinal Schönborn, mit dem Kurfürsten Schönborn und dem Wittelsbacher Kurfürsten von Köln seitens dieser Bauherren alsbald ein merklicher Ton persönlichen Wohlwollens und absoluten Vertrauens auf. Kurfürst Schönborn bestätigt noch nach Neumanns Tode dem Sohne, daß er recht daran tue, dem Vater nachzueifern, für den er, der Kurfürst, zeitlebens ein besonderes „estime" habe. Dazu paßt, was des Volkes Stimme in Würzburg festhielt, daß Neumann wegen seines leutseligen Wesens und seines christlichen Lebenswandels überall beliebt war. So würden einer an Material gewiß nicht armen Biographie des Meisters – nicht zu verwechseln mit einem biographischen Roman – wohl alle Züge kleinlicher oder peinlicher Art fehlen; das Leben Neumanns ist so klar und solide wie sein Werk.

Fülle des Schaffens

1729 kam wieder ein Schönborn auf den Stuhl des Hl. Burkard. Friedrich Karl, der Reichsvizekanzler aus Wien, war ein Mann von größtem Kunstverständnis, dazu ein Staatsrechtler von Ruf, auch ein echter Landesvater und geschickter Politiker, ein Friedensfürst, wie sein Großoheim es gewesen war, und ohne Übertreibung der bedeutendste unter Deutschlands Kleinfürsten zu jener Zeit. Er war jetzt fünfundfünfzig Jahre alt, war eben schon, nach dem Tode des kurfürstlichen Oheims, Bischof von Bamberg geworden und regierte nun die beiden Hochstifte Würzburg und Bamberg durch siebzehn äußerlich glänzende, politisch aber – wegen des polnischen Erbfolgekrieges und der Kriege Friedrichs des Großen – höchst gefährliche Jahre. Würzburg erreichte unter ihm bald den höchsten Glanz barocker Pracht, künstlerischer Bedeutung und politischen Ansehens.

Dieses Jahr 1729 brachte noch einen anderen Schönborn zu hohen Ehren; Franz Georg wurde Kurfürst von Trier, drei Jahre später auch noch Fürstbischof von Worms und Fürstpropst von Ellwangen; er wurde seit 1732 ein großer Freund und Gönner Neumanns, ohne den er, nach eigenen Worten, sich nicht zu bauen getraute. Der dritte Bruder, Kardinal Damian Hugo von Speyer, seit 1740 auch Fürstbischof von Konstanz, bemühte sich von 1728 ab oftmals um den Baumeister des Bischofs von Würzburg, den er dann, wie sein Nachfolger, als dauernden Berater an sich zog.

Neumann bewarb sich 1729, noch unter Hutten, und dann nochmals unter Schönborn, nachdem ihm die Befürwortung durch seinen neuen Herrn, also mit den Stimmen von Bamberg und Würzburg, zugesichert war, um die Stelle des Artillerie-Oberstleutnants beim Fränkischen Kreistag in Nürnberg. Damit trat er, der bisher in fürstlich würzburgischem Militärdienst stand, zum fränkischen Reichskreis in ein Dienstverhältnis, das zugleich willkommene Einkommensbesserung bedeutete, denn er blieb Inhaber der Ingenieur- und Artillerieoffizierstellen in Würzburg.

1741 wurde Neumann, nun in der Mitte der Fünfzig, zum Oberst der Kreisartillerie ernannt. Damit hatte er eine militärische Laufbahn abgeschlossen, die den Zeitgenossen, zumal in Anbetracht seines

Friedrich Karl Graf von Schönborn (1674–1746), Fürstbischof von Bamberg und Würzburg 1729–1746, Gemälde von Gottfried Auerbach. Mainfränkisches Museum, Würzburg

Herkommens aus dem Handwerk, staunenswert genug schien und ihm von dritter Seite oft, jedoch nie durch Bischof und Hof, auch die Anrede „von Neumann" einbrachte, die er selbst jedoch nicht benützte, während der Sohn Franz Ignaz sich stets so nannte, ohne daß – wie damals öfter (z.B. v. Steuben, Gneisenau u.a.m.) – eine förmliche Nobilitierung erfolgt wäre.

Der Regierungsantritt Friedrich Karls brachte Neumann eine fast erdrückende Fülle laufender dienstlicher Verpflichtungen; die seitherige Bestallung und Besoldung Welschs für die Oberaufsicht des Militärbauwesens in beiden Hochstiften wurde ihm übertragen, und Neumann hatte nun die Inspektion der Festungen Marienberg und Stadt Würzburg, der Festungen Königshofen im Grabfeld, Rosenberg ob Kronach und Forchheim inne, ferner die Inspektion des Zeughauses der Fränkischen Kreisartillerie in Nürnberg; hierzu kam die Oberaufsicht über das gesamte Kirchenbauwesen beider

Hochstifte und über ihre zivilen Amtsbauten, auch über das Tiefbauwesen einschließlich des Straßen-, Brücken- und Wasserbaus. Die Fülle der Landkirchen überall im Lande wurde nach einem bestimmten Schema, dem der Meister nur seinen Approbationsvermerk gab, in seinem Baubüro entworfen. Für Landkirchen und Landschlösser hatte Neumann auch tüchtige örtliche Bauleiter aus dem Handwerkerstande zur Hand, die helfend auch selbst noch weiter lernten.

Neumann oblag vor allem der Bau der Würzburger Residenz, der er als Architekt und oberster Bauleiter diente, dazu kam noch die Aufsicht über die großen und kleinen Schlösser beider Staaten und alle Privatschlösser des Bischofs sowie sämtliche Schloßgärten, schließlich über die gesamte private Bautätigkeit in Würzburg.

Dann kamen bald die großen neuen Bauvorhaben hinzu: das Schloß Werneck, die Kirche in Gößweinstein und noch Münsterschwarzach, die Wasserleitung für Würzburg und obendrein nun eine plötzlich und dringlich einsetzende Nachfrage der fürstlichen Brüder: Kurfürst Franz Georg von Trier legte sein ganzes Militär- und Zivilbauwesen durch zwanzig Jahre in Neumanns Hände, der damit also die Oberaufsicht über alle Moselfestungen und die Festung Ehrenbreitstein ausübte und das Zivilbauwesen des Kurfürsten von Trier von der Eifel bis Koblenz, in Worms und Ellwangen, als oberste Instanz betreuen mußte. Ebenso legte Kardinal Damian Hugo jetzt das verfahrene Bruchsaler Schloßbauwesen, wie später die Schloßausstattung, ganz in Neumanns Hände und übertrug ihm die vielen kleinen Entscheidungen des fürstbischöflich speyerischen Landbauwesens.

Eine fast ermüdende Aufzählung, aber man muß diese Fülle laufender Pflichten und einzelner Aufträge mit ihren ständigen Reisen doch wenigstens summarisch kennen, um nicht nur die physische Arbeitskraft in ihrem staunenswerten Umfang richtig zu ermessen, sondern auch, um die – trotz aller nüchternen und erdrückenden Bagatellarbeit – dadurch oft gegebenen großen Möglichkeiten zu künstlerischer Betätigung zu sehen.

Dabei kann es dann kaum noch verwundern, daß Neumann auch eine kommerzielle Privattätigkeit begann, wie sie Dienzenhofer mit dem Salzhandel in Bamberg betrieben hatte. Bei Neumann liegt sie nun freilich recht sinnvoll im Rahmen seiner besonderen Fähigkeiten und seiner Bautätigkeit. Er übernahm 1733 die ganz heruntergewirtschaftete Glashütte zu Fabrikschleichach im Steigerwald und wußte sie mit Unterstützung der Hofkammer als des Pachtherrn durch kluge technische und wirtschaftliche Maßnahmen bald soweit zu bringen, daß man an allen seinen Baustellen vom Import unabhängig wurde. Dazu richtete Neumann in Würzburg eine Spiegelschleiferei ein, so daß er also seine Kirchen und Schlösser selbst mit Fenster- und Spiegelglas beliefern konnte; man exportierte nicht nur nach Bayreuth und den ganzen Rhein abwärts, sondern bis nach Holland, dessen Gartenbau ein wichtiger Abnehmer wurde, und sogar nach England.

Das alles lief in den ersten fünf Jahren nach der Thronbesteigung Schönborns an; man muß wirklich die Arbeitsfreude des nun bald Fünfzigjährigen bewundern, wird aber auch begreiflich finden, daß er sich aus dem Kreise der jüngeren Generation tüchtige Mitarbeiter heranzuholen suchte.

Im Bambergischen arbeitete seit 1735 Leutnant Johann Jacob Michael Küchel für ihn, der ein Schüler Welschs gewesen war, und Neumann wies ihn auf einer langen Rundfahrt in alles ein; Küchel besaß gründliche Kenntnis der Militär- und Zivilarchitektur, war dazu ein flotter Zeichner und auch ornamental schöpferisch begabt – zwei Eigenschaften, die Neumann abgingen. Küchel wurde Neumanns Stellvertreter und dereinst sein Erbe im ganzen Bamberger Land.

Im Kurtrierischen wurde Johannes Seitz, ein Sohn des Wiesentheider Werkmeisters Georg Seitz, der den fränkischen Abteien wie dem Hause Schönborn in Franken und Bruchsal schon gedient hatte, Neumanns Mitarbeiter und Stellvertreter; Seitz blieb seinem Meister treu zugetan und wurde nach dessen Tode der Bannerträger des rheinisch-fränkischen Barock Neumannscher Prägung im Kurtrierischen.

In Würzburg selbst hatte Neumann gelegentlich auch Ärger, und es blieb ihm an solch' exponierter Stelle nicht erspart, daß er sich Neider schuf. Sein ärgster Feind wurde ein als Zeichner aus Wien gekommener Hildebrandt-Schüler, der Leutnant Joseph Raphael Tatz. Neumann hatte natürlich kein

Verständnis für manches Wienerische im Wesen dieses Leutnants ohne Kriegspraxis, der immer „obenhinaus" wollte, und als Tatz sich schließlich verleiten ließ, eine Schmähschrift gegen Neumann ohne triftige Beweise aufzutischen, wurde er in Arrest genommen und dimittiert.

Dafür fand Neumann in den Leutnants Georg und Michael Anton Müller anstellige und treue Gehilfen; es spricht manches dafür, daß es sich bei letzterem um einen Sohn seines einstigen Lehrers Andreas Müller handelt; er wurde übrigens der Großvater des Feldmarschalls Gneisenau. Neumann selbst hat seit dem Türkenkriege keine Feldzüge mehr mitgemacht, sondern als Stabsoffizier des Kreises fungiert; als solcher traf er auch 1735, während des bedrohlich gewordenen Polnischen Erbfolgekrieges, mit dem ihm schon bekannten Prinzen Eugen in Heilbronn zusammen; seine beiden Mitarbeiter aber mußten ins Feld, und einer kam dabei bis nach Sizilien.

Eine glänzende Hilfe in seinem Planungsbüro war ihm Johann Georg Bernhard Fischer, ein hervorragender Zeichner und Dekorateur. Zu seinen Schülern gehörte auch Leonhard Stahl, der später in Bruchsal die Bauleitung bekam und auch zeitweilig in Meersburg nach Neumanns Angaben die dortige Konstanzer Bischofsresidenz des Kardinals Schönborn einrichtete.

Neumann unterrichtete in seinem großen, sehr geräumigen Hause „Oberfrankfurt" in der Franziskanergasse, das er später durch Erwerb des Nachbaranwesens „Niederfrankfurt" vergrößert und durch ein reizendes Belvedere über seinen Modellkammern schmückt, auch fremde Kavaliere aus nah und fern, preußische Offiziere und österreichische Prinzen in der Zivil- und Militärbaukunst. Manchen jungen Mann mußte er wegen hoher Protektion recht und schlecht mitbeschäftigen, mancher weiß später bei Bewerbungen anderenorts anzugeben, daß er bei Neumann in Würzburg gelernt habe. Friedrich Karl erkennt bald den Nutzen und Wert dieser Tätigkeit, und so erhält Neumann 1731 einen akademischen Lehrauftrag für Militär- und Zivilarchitektur an der Universität Würzburg, der später seinem Schüler, dem Oberst Michael Anton Müller, und dann an Oberst von Fackenhofen übertragen wurde.

Den sich mehrenden Wohlstand krönte die Erbschaft des Schwiegervaters, aus der dem Künstler der Edelhof in Randersacker samt Weinbergen im „Teufelskeller" zufiel; hier baute er sich zwei reizende Pavillons an der Dorfstraße, von denen einer erhalten ist und noch heute die ganze behagliche Heiterkeit des bürgerlichen Rokoko ausstrahlt.

*

Der neue Fürstbischof Friedrich Karl v. Schönborn kam zunächst nur kurz in seine Lande, und es ist bezeichnend: er schickte Neumann noch im Herbst 1729 auf eine Informationsreise, die über Böhmen nach Wien führte; der Bischof hatte dort ja ein Menschenalter verbracht und stand in engster Verbindung mit den Künstlern und Bauherren Wiens. Brieflich empfahl er den Baumeister an den Prinzen Eugen mit dem Bemerken, daß Neumann „in Civilbausachen einen stattlichen gusto" habe. Er wollte, daß Neumann wieder mit dieser Atmosphäre und ihren Menschen in Berührung komme, vor allem, daß er mit Hildebrandt Kontakt bekäme, nachdem bislang Welsch ihm nahe gewesen war. So verklingt denn bald auch der westliche Einfluß zugunsten des wienerischen „gout" bei Neumann und damit in Würzburg. Die neuerliche Begegnung mit dem böhmischen und österreichischen Barock trifft Neumann in einer Zeit, da er auch in sich selbst dafür ganz aufgeschlossen ist. Prinz Eugen, Graf Harrach und Graf Althan hatten schon 1719 vom Würzburger Schloßbau gehört und interessieren sich nun wieder dafür, als Neumann die neuen Pläne vorweist, wozu auch eine zweite Wiener Reise 1730 neue Gelegenheit gibt. Schönborn bleibt zunächst noch in Wien, und so fallen viele Entscheidungen eben dort, und das heißt: unter Beiziehung Hildebrandts, nicht immer zur Freude Neumanns, der unter der unbeherrschten Empfindlichkeit und dem großen Einfluß des Sechzigjährigen oftmals zu seufzen hat.

Die Würzburger Residenz steht 1729 erst zu einem Fünftel vollendet, und Friedrich Karl, der die Pläne einst von Wien aus mit Eifer ins Große getrieben hatte, bekennt nun, ein Mittfünfziger inzwischen, daß sie doch wohl nach einer „allzu großen Idee" begonnen sei, aber er ist ein Schönborn und Neumann sein Baumeister: so wird alsbald mit dem Weiterbau begonnen. Dabei war es dem Unternehmen gewiß förderlich, daß Schönborn nicht gern in Bamberg weilte und folglich die dortige Residenz nur selten benützte.

Der Weiterbau der Würzburger Residenz begann mit dem Südblock, wo nun die Hofkirche untergebracht werden sollte. Damit fielen alle alten Projekte zur Kirche im Nordoval, nur die vermauerten Bogenstellungen der Kirchenfenster im Quertrakt zwischen den beiden nördlichen Höfen verraten noch den ursprünglichen Plan. Neumann hat mit der Hofkirche wieder einen Raum von besonderer Bedeutung geschaffen, offensichtlich angefeuert durch den an sich sehr mißlichen Umstand, daß diese Kirche ja nur von einer Seite Licht bekam und daß der Raummantel ja durch den Symmetriezwang der Schloßfassade schon im voraus als Rechteck mit allen Fensteröffnungen bestimmt war.

Die räumliche Lösung mit ihrer Folge von drei Ovalkuppeln auf sphärisch gekrümmten Gurten ist ein Glanzstück fränkischer Barockarchitektur. Die dekorative Ausstattung mit ihrem prunkenden Marmor und Gold von fast gegenreformatorischer Inbrunst und Schwere ist vorwiegend ein Beitrag Hildebrandts. Die letzten Fresken des greisen Byss, die nach dem Dachstuhlbrand bei Kriegsende 1945 durch Wasser schwerstens beschädigt wurden, sind inzwischen ergänzt und restauriert worden; sie treffen sich hier mit den ersten Stukkaturen Bossis, der auch die zierliche Immaculata schuf.

Die Arbeiten am Bau und der Ausstattung der Residenz gingen durch die Jahre mit wechselndem Tempo voran. Nachdem bis 1728 erst der nordwestliche Eckbau vollendet worden war, stand 1731 die nördliche Ehrenhofwand, 1733 die südwestliche Ecke, 1735 wurde die Gartenfront begonnen; 1737 ist der Kaisersaalpavillon im Bau, 1741 steht die ganze Gartenfront unter Dach; es folgen 1742 die großen Wölbungen im Inneren, die Neumanns technisches Können im hellsten Lichte zeigen.

Als gegen Schluß des Jahres 1744 das zum Teil schon ausgestattete Würzburger Schloß nach fünfundzwanzigjähriger Bauzeit im Rohbau vollendet stand, war der Bauherr inzwischen siebzig Jahre alt geworden, und Neumann, der mit zweiunddreißig Jahren die Planung begonnen hatte, stand schon in der zweiten Hälfte der Fünfziger. Er konnte mit Stolz auf die Vollendung des Palastes blicken, der sein Lebenswerk geworden war. Ein gewaltiger Block von unerbittlicher Symmetrie, in den edelsten Verhältnissen und von einem heiteren Umriß, so stand der neue Fürstensitz nun vor aller Augen. Der Gesamteindruck war damals noch weit festlicher als heute, denn die Sandsteinfassaden waren farbig gehalten. In leuchtendem Ockergelb wurde der Grund getönt, die Gliederungen und Säulen waren silbergrau, die Plastiken auf der Attika porzellanweiß gestrichen, Attribute und Wappen reich vergoldet – so bot das Ganze mitsamt dem köstlichen Ehrenhofgitter einen überwältigenden Anblick: wirklich ein „Schloß über allen Schlössern"!

Hatte Welsch wesentlichen Einfluß auf die Grundrißbildung genommen, so spricht aus den Fassaden auch der Geist Hildebrandts, deutlich spürbar an dem festlichen Kaisersaalpavillon und bei der Rückwand des Ehrenhofes. Freilich muß hinzugefügt werden, daß keiner der beiden, weder Welsch noch Hildebrandt, allein das geschaffen hätte oder hätte schaffen können, was Neumann und sein kooperatives Wirken in der Zusammenarbeit hier an grandioser Fassadenkunst Wirklichkeit werden ließ.

Die festliche Wirkung der Sandsteinarchitektur in ihren breitgelagerten Fronten steigert sich in diesen Mittelbauten. Neumann schildert selbst, welch' freudige Aufregung entsteht, als man eines Morgens nach dem Abbau der Gerüste vom Dom her den großen geschweiften Giebel mit dem prunkvollen Wappen und den posaunenblasenden Genien über dem Ehrenhof aufleuchten sieht.

Als 1945 die weitläufigen Flügel dieses herrlichen Palastes unter dem Hagel der Brandbomben in Flammen aufgingen und das riesige Dachwerk inmitten des brennenden Würzburg funkensprühend zusammenbrach, da schien das Lebenswerk Balthasar Neumanns dem völligen Untergang geweiht; doch hinter den hohläugigen Fassaden blieb das Herz des Schlosses erhalten, die massiv gewölbten Räume: Treppenhaus, Weißer Saal, Kaisersaal und Gartensaal mit ihren weitgespannten Gewölben,

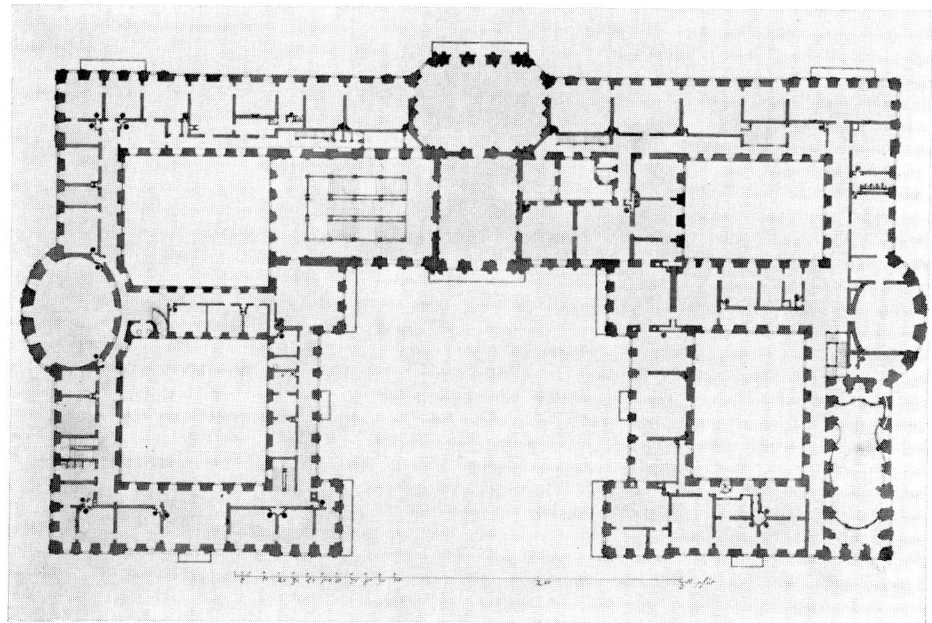

Residenz Würzburg, Grundriß. Kunstbibliothek, Berlin

den leuchtenden Gemälden und dem rankenden Stuckwerk, und auch die Hofkirche widerstanden der Glut.

Neumanns Würzburger Treppenhaus, dieser große, 18 auf 32 m Grundfläche messende und durch alle Stockwerke reichende Raum des Hauptgeschosses, ist nicht aus einem einzigen Entwurfe geboren worden; die ersten Pläne mit ihrer kleineren Doppeltreppe waren vom schließlich Erreichten noch weit entfernt. Als Fünfzigjähriger beginnt er 1737 die Stiege nach der endgültigen Planung von 1735 in das fertige, riesige Gehäuse der Residenz zu stellen.

Neumanns Würzburger Treppe läuft nicht an den Wänden entlang in die Höhe, sondern sie ist frei in den Raum hineingestellt, um sich in flachem Lauf voll verschwenderischen Stolzes geradeaus und dann in der Gegenrichtung durch den Raum empor zu schwingen; fünfschiffig ist das untere Geschoß ausgestaltet, und man muß wissen, daß die jetzt schachtartig wirkenden Wände auf halber Höhe ursprünglich auch in Bögen geöffnet waren, also den Blick freigaben. Oben sollte der Schacht von einem säulengetragenen Umgang gerahmt werden, den Neumann schließlich ganz bewußt opferte, um eine einheitliche saalartige Halle von gewaltigen Dimensionen zu gewinnen.

Diesem Stiegenhause eignet eine merkwürdige „Durchsichtigkeit" – ein Wort Neumanns –, eine Fülle überraschendster Perspektiven vom hintersten Winkel des Vestibüls bis unter das ferne Gewölbe der Treppenhalle, durch eine Höhe von vier Stockwerken und mehr als fünfzig Meter Tiefe. Bibienas Bühnenbilder könnten kaum mehr an Raumphantasie bieten, als hier wirklich gebaut wurde.

Die Führung der Läufe unterscheidet sich von der Pommersfeldener Treppe im Effekt dadurch, daß man nicht den ganzen Raum und seine ansteigenden Läufe beim Eintreten sofort überblicken kann; man wird nicht erschlagen von der Wucht des ersten Eindrucks, sondern beginnt voller Spannung den Weg durch die Mitte des Raumes, um erst am Ende, oben angekommen, alles überschauen zu können und zu begreifen. Dehio hat recht, wenn er Neumanns Treppenhaus den größten profanen Raumeindruck überhaupt nennt. Wenn man sagen kann, daß der deutsche Barock das Treppenhaus zum Festsaal gemacht hat, so ist das vor allem das Werk der Schönborn und ihrer Baumeister gewesen.

Das festliche Treppenhaus ist, wie in Bruchsal und Brühl, eigentlich der Hauptsaal des Schlosses. Das freitragende, riesige Flachgewölbe, dessen Mulde 600 qm überspannt, ist die Bravourleistung des genialen Architekten, die Schaffung einer einheitlichen, stützenlosen Halle von über 12000 Raumme-

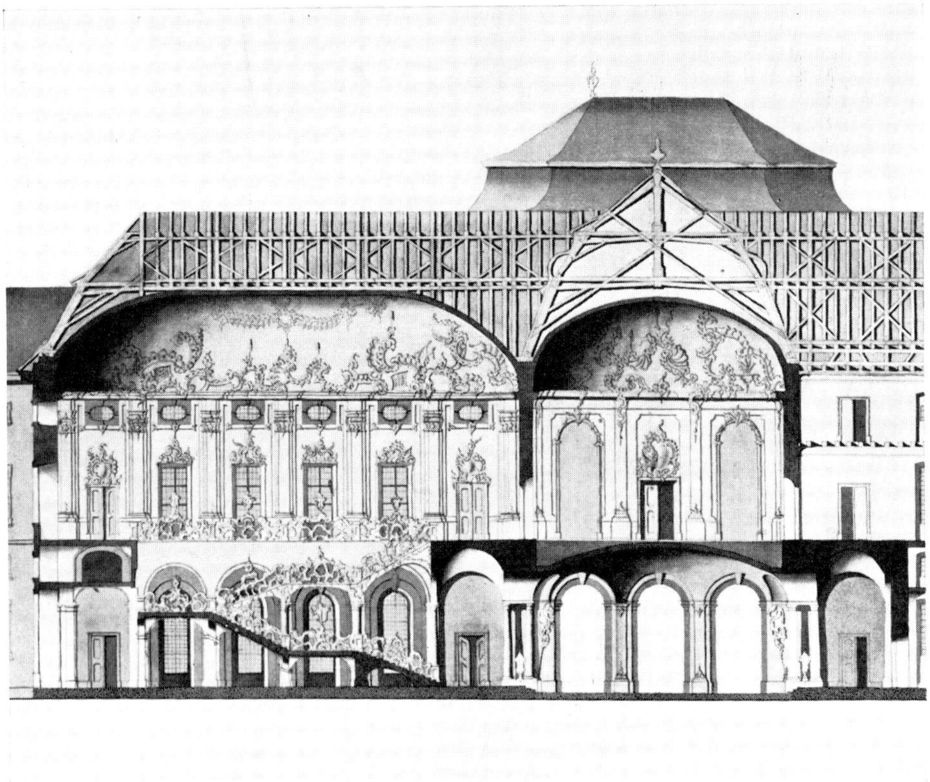

Residenz Würzburg, Längsschnitt durch den Mittelbau, Plan mit Dekorationsentwurf um 1742–44. Kunstbibliothek, Berlin

tern Inhalt sein Sieg über den ungläubigen Lukas von Hildebrandt, der die Haltbarkeit der Gewölbekonstruktion bezweifelte. Welche technischen Probleme Neumann geradezu spielend bewältigte, ohne daß ihm statische Berechnungen im modernen Sinne schon möglich gewesen wären, verrät – um ein Beispiel zu nennen – die Tatsache, daß von den vier freistehenden Säulen, die paarweise um der Durchsichtigkeit willen anstatt einer Mauer den Übergang vom Vestibül ins Treppenhaus flankieren und gleichzeitig die Wand zwischen Treppenhaus und Weißem Saal tragen, dazu die Dach- und Mauerlasten sowie die Schublasten der großen benachbarten Gewölbe – daß jede einzelne Säule nach neuerer Berechnung 141000 kg zu tragen hat.

Jüngsthin aufgetauchte Besorgnisse um die Standfestigkeit der Säulen fußen auf dem Verdacht, daß durch einen Dachstuhlbrand über dem Kaisersaal vor drei Menschenaltern und durch den Bombenangriff von 1945, der alle Dächer verbrennen ließ, möglicherweise auch mit den neuen Eisendachstühlen, die Schubverhältnisse, von denen Neumann ausging, verändert wurden; die Schäden sind nicht Neumanns Schuld. Es bedeutet heute jedenfalls technisch kein Problem die notwendig gewordenen Sicherungsvorkehrungen zu treffen, die 1963–65 ausgeführt wurden: die beiden Säulenpaare sind nach neuer Fundamentierung durch je einen rechteckigen Stahlpfeiler ersetzt, die mit Sandsteinen verkleidet wurden.

Selten ist wohl der eigentliche Zweck eines Raumes so grandios übersteigert worden wie in diesem urgewaltigen Treppensaal, in dem der Besucher aus düsterem Vestibül in lichte Höhe emporsteigt und sein Blick schließlich in den Szenen eines gemalten Welttheaters sich verliert. Er bietet im Erleben seiner einzigartigen Weite den Eindruck, als sei der Flügelschlag des Genius noch zu spüren, der solches schuf.

Schloß Augustusburg in Brühl, Treppenhaus

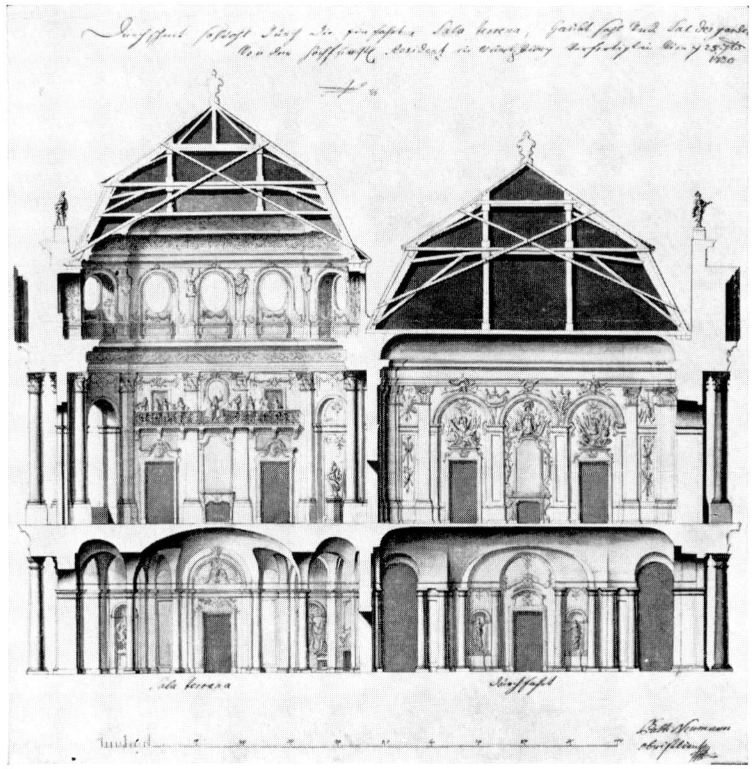

Residenz Würzburg, Querschnitt durch den Mittelbau,
Plan mit Dekorationsentwurf 1730. Kunstbibliothek, Berlin

Pommersfeldens Stiege ist nach Anlage und Umfang weit übertroffen, und nur Neumann konnte es wagen, auf dem Papier wenigstens, in den Plänen für Maria Theresias Wiener Hofburg diese Würzburger Treppe räumlich noch einmal zu verdoppeln.

Es war Schönborns zweiter Nachfolger Karl Philipp aus dem Hause Greiffenclau, der dem unvergleichlichen Gebäude die ebenbürtige Ausstattung der Festsäle verlieh; er war Kunstfreund genug, um zu spüren, daß hier ein Werk entstanden war, das einmal als Denkmal der ganzen Epoche gelten sollte, und er war Fürst genug, daß er – als nun der Griff zu den Sternen geschah – seinen sparsamen Hofräten das Feilschen um den Preis verbot: Tiepolo kam nach Würzburg!

Der unendlich lichten Farben- und Raumsymphonie des Stiegenhauses, an dessen Gewölbe die Sonne in der Gestalt Apolls die irdische und himmlische Welt erleuchtet, welche dem unter die Sterne versetzten Bildnis des Fürstbischofs huldigt, folgt der Weiße Saal, ganz beherrscht vom blassen Weißgrau der wild wuchernden Stukkaturen; danach entfaltet sich der faszinierende Glanz von Gold und Marmor, vereint mit Tiepolos leuchtenden Farben im Kaisersaal, der Herzkammer des Schlosses. Nach Hildebrandts ersten Ideen, die auf das Wiener Belvedere zurückgehen, hat Neumann dann mit diesem Festsaal das Vorbild weiter hinter sich gelassen und etwas ganz Besonderes und Eigenes geschaffen. Über der pompösen Wandgliederung mit Dreiviertelsäulen reißt Tiepolo mit seinen Fresken die Wände auf und zaubert auf den lichten Bühnen zwei Staatsaktionen aus Würzburgs mittelalterlicher Glanzzeit an die steigenden Wölbungen der Saaldecke: die Hochzeit Kaiser Barbarossas mit Beatrix von Burgund im Jahre 1156 und die Bestätigung der Herzogswürde für den Würzburger Bischof im Jahre 1168. Die Höhe des Raumes, der Gewölbescheitel, gibt einen Blick in den Himmel frei, wo in allegorischer Verklärung die kaiserliche Braut auf Apolls Gespann, von schnaubenden Rossen gezogen, dem Kaiser zugeführt wird. Wo hatte Tiepolo je solchen Raum und solche Wände

Dekorationsentwurf für das Treppenhaus der Residenz Würzburg, 1750, Ausschnitt. Mainfränkisches Museum, Würzburg, 1945 verbrannt

gefunden? Er hat sich hier, angefeuert von Neumanns Schöpfung, selbst übertroffen. Man glaubt in diesem Saal noch das Glück schöpferischen Künstlertums zu spüren, das den Maler bei der Arbeit beseelte.

Die Vereinigung der beiden Großen, Neumann und Tiepolo, zu gemeinsamem, kongenialem Schaffen in einem Werke – sie könnte der Wunschtraum eines begnadeten Phantasten sein, wenn sie nicht in Würzburg Wirklichkeit geworden wäre. Rang und Anspruch der fränkischen Barockkunst offenbaren sich hier am deutlichsten, und auch die Tatsache wird noch einmal demonstriert, die schon Neumanns bunte Künstlerschar gekennzeichnet hatte, daß es nationale Vorbehalte in der Kunst dieser Zeit nicht gab. Tiepolo hat mit seinen riesigen Gemälden die glühende Farbenpracht der Lagunenstadt am fränkischen Barockhimmel entzündet, und der Venezianer hat hier, nördlich der Alpen, das Hauptwerk seines Lebens geschaffen. Ein Denkmal des barocken Europa ist aus dem Fundament der fränkischen Barockkunst emporgewachsen.

Der Gartensaal, den Johannes Zick eben vollendet hatte, bevor Tiepolo eintraf und er selbst nach Bruchsal reiste, um dort Neumanns Treppenhaus auszumalen, ist in Komposition und Farbe schwerer, als des Venezianers Fresken – von bukolischer Üppigkeit, und bildet so das rechte Bindeglied zwischen Schloß und Park.

Würzburg war mit dem Residenzbau ein Gesprächsthema in den Kunstzentren Europas geworden und wurde zum Ziel unzähliger Künstler, seit Fürstbischof Johann Philipp Franz Schönborn seine Hofkammer 1720 mit barschen Worten zurechtgewiesen hatte: „Es sind die Künstler eben nicht wie andere hergelaufene Burschen zu traktieren und man kann wohl ein Einsehen mit ihnen haben.“ Zur Ausstattung der großen Gemächer wirkte ein Heer von Künstlern aus vielen Ländern: Bildhauer, Schnitzer, Schreiner, Maler, Tapetenwirker, Stukkateure und Kunstschmiede unter Neumanns Oberleitung zusammen. Dieser Künstlerkreis um den Architekten schwoll mit dem Fortschreiten der Innenausstattung des Schlosses gewaltig an; weder landschaftlicher noch nationaler Ehrgeiz engte ihn ein.

Der Bildhauer Joh. Wolfgang van der Auwera, Gemälde von Jos. Anton Glantschnigg um 1743. Mainfränkisches Museum, Würzburg. 1945 verbrannt

Der Hofschmied Joh. Georg Oegg, Gemälde von Josef Anton Glantschnigg um 1750. Mainfränkisches Museum, Würzburg

Es ist nicht die geringste unter Neumanns vielseitigen Fähigkeiten, daß es ihm gelang, so viele vorzügliche Künstler und Kunsthandwerker für das Würzburger Schloß zu gewinnen, die er – neben der eigentlichen Bau- und Planungsarbeit – auch zu leiten wußte, ohne daß er selbst ausübend ins Kunsthandwerkliche übergriff.

In den zwanziger Jahren war Anton Clemens Lünenschloß aus Düsseldorf als Hofmaler nach Würzburg gekommen, es war der Stukkateur Johann Peter Castelli aus Bonn hierher gezogen, es wurde der Pariser Bildhauer Claude Curé, der zuletzt in Dresden, München und Bonn gearbeitet hatte, in Würzburg ansässig; dazu kamen die Bildhauerbrüder Becker aus Haßfurt, die nach Lünenschloß' Entwürfen auch die Mainbrücke mit Figuren schmückten, während Jacob van der Auvera und Balthasar Esterbauer als schon ansässig gewordene Bildhauer, mit allen anderen, reichliche Arbeit an der Residenz fanden.

In den dreißiger Jahren wuchs die Künstlerschar gewaltig; Neumanns engster Mitarbeiter wurde der betagte Hofmaler des verstorbenen Kurfürsten Schönborn, der Schweizer Rudolf Byss, dem dekorative Entwürfe und auch große Arbeiten, wie die Ausmalung der Hofkirche und der Schönbornkapelle zufallen. Neumann richtete ihm eine Zinngießerei ein, in der die Ornamente für die Prunkgemächer hergestellt wurden. Byss sammelte die Dekorationsentwürfe für Stukkateure und Schreiner, der Maler und Schnitzer, und hob sie in einer Mappe auf; dieser Bestand, heute als sogenanntes Skizzenbuch Neumanns bekannt, ist wohl das großartigste Kompendium über die dekorativen Fähigkeiten des Rokoko und ein Dokument ohnegleichen für diesen Würzburger Kreis, der unter Neumanns Führung hier sein Bestes gab.

Es kam der Kunstschmied des Prinzen Eugen von Wien nach Würzburg, der gebürtige Tiroler Johann Georg Oegg; sein Hauptwerk, das von Hildebrandt entworfene Ehrenhofgitter der Residenz, ist leider zur Biedermeierzeit verschrottet worden, doch geben die reichen Hofgartentore, das zierliche Rennwegertor und die filigranartigen Übersteiggitter am Schlosse selbst noch einen vollen Begriff vom Können dieses genialen Handwerkers, der zu den allerersten seiner Zunft überhaupt gehört.

Fast gleichzeitig holt Neumann sich aus Mainz den vom Luganer See stammenden Stukkateur Antonio Bossi, der in der Hofkirche, im Gartensaal, im Weißen Saal und im Kaisersaal sein hinreißendes Ornamentwerk an Wände und Decken zaubert, auch er – wenn Wiederholungen erlaubt sind – ein wirkliches Genie jenseits aller Maßstäbe; im Spiegelkabinett (1945 beim Stadtbrand zerstört, Rekonstruktion im Gange) gelingt ihm und Auvera mit dem goldenen, über das bunte Glas kletternden Rankenwerk ein absoluter Höhepunkt ornamentalen Schaffens.

Als Kunstmöbelschreiner erscheinen vier Mitglieder der Familie Guthmann, um bei Schönborns Tode nach Berlin weiterzuwandern; vor allem kommt Ferdinand Hund von Althausen, dessen grandiose Rokoko-Schnitzereien in den Paradezimmern unübertrefflich erscheinen; er wandert, von Neumann empfohlen, 1750 an den Hof des Kardinals Hutten nach Bruchsal; der Kunsthafner Eder kommt aus Wien nach Würzburg. Der Tapetenwirker Pirot lernt auf Stiftskosten in Brüssel und begründet rückkehrend die Würzburger Gobelinmanufaktur, mit deren Erzeugnissen Schönborn seine Schlösser schmückt.

Alle diese Künstler und Handwerker überragt an Bedeutung sehr rasch der junge Bildhauer Wolfgang van der Auwera, Jacobs Sohn, den Schönborn gleich anderen Künstlern einige Jahre auf Stiftskosten an die Wiener Akademie geschickt hatte; 1736 kommt Auwera zurück und tritt, nachdem Byss 1738 gestorben war, alsbald in engstes Verhältnis zu Neumann, der ihn auf seine Hollandreise mitnimmt und ihm auch die plastische Arbeit für die Altäre zum Wormser Dom, für Brühl und Heusenstamm gibt. Der enge Zusammenhalt des Künstlerkreises wird durch die Ehe Wolfgangs, der die Tochter des Malers Onghers zur Mutter hatte, mit der Tochter des Bildhauers Curé deutlich; sie hat nach ihres Mannes zeitigem Tode den jungen Bildhauer Peter Wagner geehelicht und ihm die Werkstatt übergeben, steht solchermaßen also zwischen den Generationen der fränkischen Bildhauerei. Auch Ferdinand Tietz taucht schon zeitig als Mitarbeiter auf, der erst als Sechziger dann mit dem Schmuck der Hofgärten zu Veitshöchheim und Seehof seine größte Entfaltung findet und noch einen genialen Entwurf für das Geländer im Treppenhaus der Residenz ersinnt.

1749 reiht sich der gefeierte Freskomaler Johannes Zick für ein Jahr in die Schar der Residenzkünstler ein, und 1750 kommt Europas Malerfürst, Tiepolo, für drei Jahre über die Alpen an den Main, um sein Lebenswerk in Neumanns Schloß zu krönen.

✳

Bald nach seinem Regierungsantritt regte sich bei Friedrich Karl unter dem Bau des Residenzschlosses in der Stadt auch der Wunsch nach einem Landsitz, wie er ihn sich früher schon als Reichsvizekanzler im Schlosse Schönborn bei Göllersdorf in Niederösterreich geschaffen hatte. Das neue Schloß in Werneck, mit vier Eckpavillons und einem giebelgeschmückten Mittelbau gegen den Garten, im Grundriß dem erstrebten Vorbild ähnlich, besteht aus einem hufeisenförmig angelegten Hauptgebäude von 78 m Frontlänge und 65 m Tiefe sowie einem vorgelagerten zweiteiligen niedrigen Wirtschaftstrakt, der gegen den Ehrenhof im Halbkreis zurückschwingt und durch seine Mitte die Einfahrt freigibt. Es liegt wieder am Bauherrn und am Baumeister, daß über den Entwürfen alles größer und prächtiger geriet; nur im Garten blieb der eigentliche Zweck des Wirtschaftsgutes gewahrt, denn hinter den geschorenen Hecken lagen Obstgärten und das fruchtbare Ackerland des Schweinfurter Gaues zur Bestellung bereit.

1733 war die Gesamtanlage von Neumann zu Papier gebracht, und die Pläne wurden von Friedrich Karl in Wien unter wesentlichem Einfluß Hildebrandts beraten, wo der Bischof sie seinen Freunden schon angekündigt hatte; Neumann mußte auf seine Idee, die Eckpavillons abzuschrägen und ihre so

Schloß Werneck, Gartenfront, Tuschzeichnung als Stichvorlage nach der Entwurfsplanung vor 1740. Kunstbibliothek, Berlin

gewonnenen Eckfenster auf die Diagonal-Alleen auszurichten, nach heftigem Ringen verzichten; später läßt er, zum Vorteil des Ganzen, den – grundrißmäßig vom Rest des alten Renaissanceschlosses bedingten – turmbekrönten Quertrakt im Ehrenhof, der auf den für eine Stichpublikation bestimmten Zeichnungen des Schlosses noch zu sehen ist, fallen, dafür flankieren nun zwei Türme seitlich den offenen Hof. 1734 begann der Bau, und nach vier Jahren konnte Schönborn schon längere Zeit im Schlosse wohnen, dessen völlige innere und äußere Fertigstellung sich noch bis 1745 hinzog; die Ausstattungskünstler der Würzburger Residenz, Bossi und Oegg voran, waren für das Schloß tätig. Ihr Werk ist der Neuausstattung im Empire durch Großherzog Ferdinand geopfert worden.

Werneck war im Kern Neumanns eigene Konzeption, und wenn er auch Hildebrandts Anregungen einarbeitete, so gibt das Schloß doch einen echten Eindruck vom Wollen des Künstlers in seinen von Schaffensdrang erfüllten Jahren; der Verlust der Inneneinrichtung ist deshalb um so bedauerlicher; der störende Einbau des 19. Jahrhunderts im Ehrenhof, wurde jüngst abgerissen, wodurch sich das ursprüngliche Bild des Ehrenhofes nun wieder überzeugend präsentiert als fränkische Architekturlandschaft von faszinierender Geschlossenheit und mit wienerischem Akzent.

Neumann hat die gestellte Aufgabe glänzend gelöst. Man muß diese Schloßanlage schon umwandern, die Höfe durchschreiten, ja die Einfahrt über das Wernflüßchen vollziehen, um den ganzen vielfältigen Reiz dieser Architekturlandschaft zu begreifen und zu erleben. Über 126 m dehnt sich die Wasserfront mit dienenden Vorgebäuden, deren Ecken durch zweigeschossige Pavillons akzentuiert sind, um die Tordurchfahrt zu rahmen; im Hof sanken die Fronten einst zu offenen eingeschossigen Arkaden ab, und die Viertelkreise finden Verbindung zu den hohen dreigeschossigen Eckpavillons des eigentlichen Schlosses, deren gebrochenes Schieferdach die einst vergoldeten Vasen trägt; sie sind seitdem zu einer Hausmarke Neumanns und seiner Schule an Main und Rhein geworden. Die Schräge der hofseitigen Pavillonwände und die dann vorgezogenen ungemein effektvollen Türme trennen den Bereich des fürstlichen Bewohners vom Vorhofe und geben dem Ehrenhof optische Tiefe. Die Fassaden präsentieren sich in den reicheren Formen der dreißiger Jahre, wie sie Neumann nun liebt.

Auf der zum Garten gerichteten, breitgelagerten Schauseite entfaltet sich das Schloß aufs glänzendste: Neumann hat hier lebhafte Massengliederung und elegante Fassadenbehandlung zu einem unvergleichlichen Denkmal heiterer Vornehmheit vereint. Es kommt der Wirkung des Mittelpavillons zugute, daß seine weiche Schrägung sich zwischen den harten Kanten der Seitenrisalite spannt, und

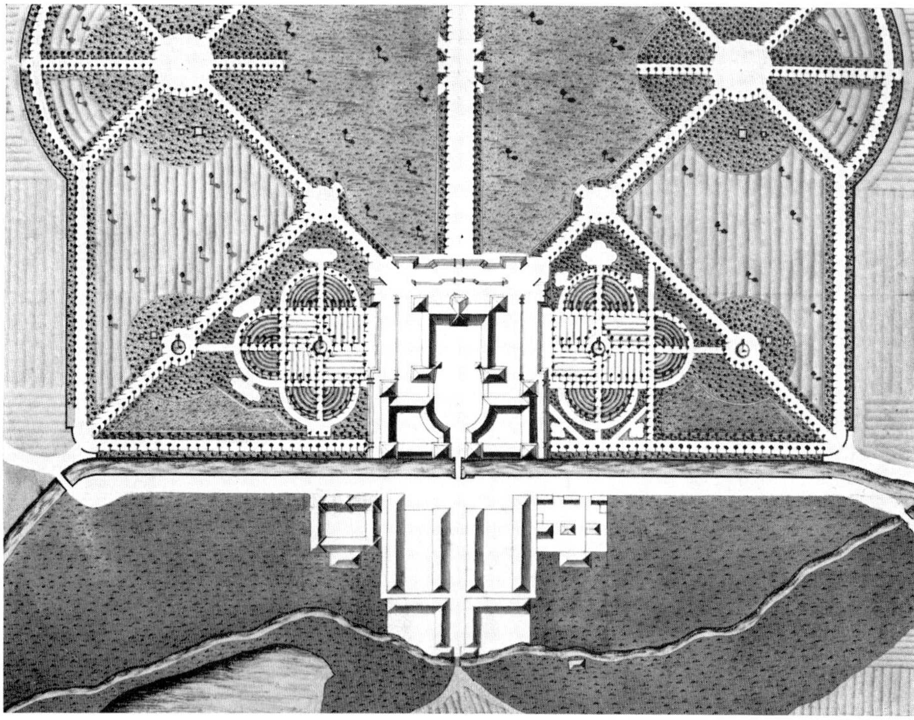

Schloß Werneck, die Gesamtanlage, Ausschnitt. Kunstbibliothek, Berlin

sein Giebel blüht vor der krönenden Dachhaube erst recht auf dem Grunde der glatten Schieferflächen, wobei die Silhouetten der darüberschauenden Turmhelme noch lustige Akzente setzen.

Die Situation des Schlosses war glücklich gewählt und gab Gelegenheit, die festliche Gartenseite um den Effekt zweier Terrassen zu bereichern, über deren Treppe der von Doppelsäulen getragene kleine Balkon am Mittelbau erscheint. In einiger Entfernung steigt das Gelände weiter an, und dort entstand die Fasanerie. Der zwischenliegende weitläufige Park ist längst im englischen Geschmack verändert worden; im 19. Jahrhundert wurde das Schloß samt Nebengebäuden zur Heil- und Pflegeanstalt bestimmt, wozu später auch eine Klinik kam.

Im Hofpavillon linker Hand wurde die Schloßkapelle untergebracht; und Neumann fand wieder eine geistreiche Lösung für die räumliche Gestalt des kleinen Gotteshauses im Rahmen der durch das Schloßganze vorgeschriebenen Fassade; durch eingestellte Wandpfeiler wurde das Trapez des Grundrisses in ein Oval mit zehn kränzenden Nischen verwandelt und der solcherweise in seinen Wänden optisch völlig aufgelöste Raum mit einem Kuppelgewölbe überfangen; Antonio Bossi schuf eine Stuckdekoration von verwirrender Pracht im blühendsten Rokoko; die klassizierende Idee der Holzkirchener Rotunde ist ebenso vergessen wie ihr Bandelwerk-Dekor.

*

Neumann hatte es sich, als er 1723 nach Paris reiste, nicht entgehen lassen, einen Abstecher nach Bruchsal zu machen, und Kardinal Schönborn nahm sich damals Zeit, den Baumeister seines Bruders selbst zu führen und auch um seine Meinung über den Schloßbau zu befragen.

Vom kurfürstlichen Oheim aus Mainz nach Bruchsal geschickt, hatte Welsch 1720 dem Kardinal die ersten Pläne für die neue Residenz der Fürstbischöfe von Speyer gemacht, nachdem Damian Hugo sich entschlossen hatte, die Stadt Speyer zu verlassen; er entwarf eine weitläufige, locker gruppierte Anlage freistehender, um einen Ehrenhof sich lagernder Flügel mit zahlreichen Nebengebäuden, und seine Freude an dieser, von ihm schon in der Mainzer Favorite erprobten Grundrißlösung, verband sich mit

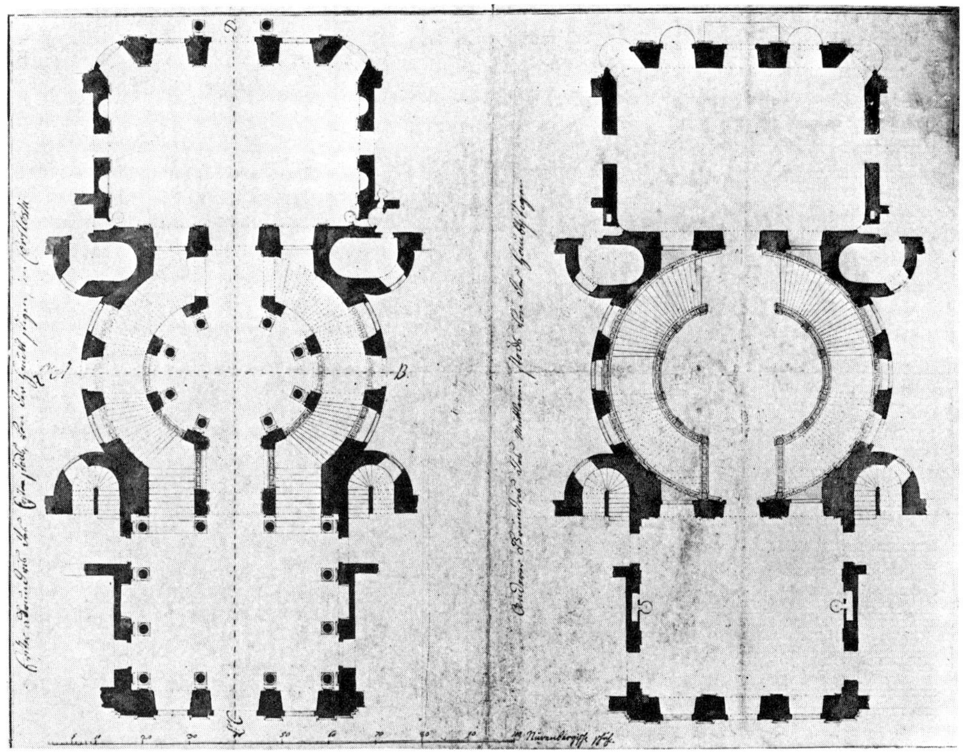

Schloß Bruchsal, Grundriß des Erdgeschosses und des Hauptgeschosses des Corps de Logis, 1731. Staatl. Hochbauamt, Karlsruhe

dem Wunsche des Bauherrn nach größter Feuersicherheit im Kriegsfalle, lag Bruchsal doch in nächster Nähe der Reichsfestung Philippsburg und im vorher wie nachher umkämpften Gelände. Anselm Franz Freiherr von Ritter zu Grünstein, der Jüngste unter den Kavalieren des Mainzer Baukollegiums, beriet den Kardinal weiterhin, der freilich nie einen richtigen Bauleiter zur Hand hatte, bis es 1726 zum Bruche kam, weil Damian Hugo in den Mittelbau noch ein Zwischengeschoß einschieben wollte; Ritter hatte hier schon eine Treppe entworfen, die nun, bei vergrößerter Höhe, nicht mehr passen wollte. So blieb das Mittelstück des Schlosses, 1725 begonnen, liegen, als 1728 Neumann erstmals gerufen wurde.

Neumann hielt sich dann, 1729–30 durch den Thronwechsel in Würzburg unabkömmlich, 1731 wieder zwei Monate in Bruchsal auf, um das Problem der Haupttreppe zu meistern und die Festsäle zu gestalten, wie überhaupt das ganze Schloß- und Landbauwesen in Ordnung zu bringen. Der Kardinal war ständig bei der Arbeit zugegen, und auch die verwitwete Markgräfin Sybille von Baden kam aus Rastatt öfters herüber, um zuzuschauen. Bis dahin war der Platz für die Treppe, „das Loch in der Mitten", noch offen geblieben; nun machte Neumann eigenhändig ein Modell aus Holz und Gips, das ein klares Bild der ganzen Raumfolge im Herzen des Schlosses gab und die begeisterte Zustimmung Schönborns fand.

1732 war das Treppenhaus schon im Rohbau vollendet, und Damian Hugo schrieb voller Freude, daß gewiß nirgends eine schönere Treppe zu sehen sein dürfte. Es hatte sich unter der Arbeit zwischen Baumeister und Bauherrn ein engeres persönliches Verhältnis entwickelt; Neumann besuchte dann den Kardinal, als dieser sich vor dem in sein Land eindringenden polnischen Erbfolgekrieg nach Gaibach in Franken zurückziehen mußte; Schönborn kletterte mit Neumann in die eben emporgewachsene Münsterschwarzacher Kuppel hinauf und stieg mit Neumann in seine Wasserstollen und Pumpwerke für die Würzburger Wasserleitung hinab, um diese Maschinen auch später für Bruchsal zu bestellen. Durch die vierziger Jahre bis zum Tode Neumanns ging ein lebhafter Briefwechsel zwischen Würzburg und den Kardinälen Schönborn und Hutten sowie mit ihren Beamten hin und her.

Es ist hier in Bruchsal wieder so, daß Neumann gerufen wurde, als ein Bauvorhaben festgefahren war, so daß er nicht völlig frei schalten konnte, und wieder ist es so, wie schon bei der Schönbornkapelle, daß die Idee im Keime bereits vom Vorgänger stammt, aber ohne Neumann bedeutungslos geblieben wäre. Ritter hatte schon einen zylindrischen Treppenschacht vorgesehen, aber nun Schiffbruch erlitten und auch die dem Typ innewohnende Chance noch nicht erkannt. Neumann ergreift sie sofort, indem er die schmale Brücke, welche die Festsäle vor und hinter der Treppe recht und schlecht verbinden soll, zu einer großen, runden Plattform erweitert, die, einer Insel vergleichbar, zwischen den Läufen der Treppe emporwächst.

Ein ovaler Mittelbau ist als Treppenhaus in den viereckigen Lichthof des Corps de Logis, des vierflügeligen Hauptbaues, eingestellt; wer das Vestibül betritt, sieht zwei nahezu halbkreisförmig ansteigende Treppenläufe vor sich, die zwischen sich einen Podest umschließen, in dessen von Bögen geöffnetem Halbdunkel ein kleiner Vorraum zur sala terrena Platz hat. Auf der Treppe, deren Antritt zunächst durch einen halbdunklen Tunnelbogen führt, erlebt man im Steigen eine zunehmende Helligkeit, um sich, oben angekommen, schließlich in einem lichtdurchfluteten Rundsaal zu finden, der selbst Festsaal ist und zugleich dem Fürstensaal wie dem Marmorsaal als Vorraum dient.

Was Neumann hier geschaffen hat, ist ein Höhepunkt in der Entwicklung barocker Treppenkunst geworden; aus einem ungeheuer wachen und klaren räumlichen Vorstellungsvermögen heraus hat er mit geradezu spielerischer Leichtigkeit eine Verbindung von Zweck und Prunk, von Stiege und Festsaal geschaffen, die ohne Beispiel geblieben ist. Was entwicklungsmäßig als Vorstufe hier oder da erscheinen könnte, entbehrt der Neumannschen Konzeption; sie allein schuf aus dem unglücklichen Raumtorso, der zwischen den an der Außenwand hochsteigenden Läufen geblieben wäre, einen neuen Raum, der zugleich die Läufe fest einfaßte und über sich einen zweiten größeren Saal ermöglichte. Hätte man Ritters Raum schon von der ersten Treppenstufe aus überblicken können, so ist Neumanns Treppe ein geheimnisvoller Bau, den man hinansteigend erst enträtseln kann und in dem sich das Aufsteigen aus der Fülle merkwürdiger Durchblicke und Kurven, aus dem Dunkel in das Licht, geradezu dramatisch abspielt.

Neumanns kühne Schöpfung ist in ihrer kristallenen Schönheit zwanzig Jahre stehengeblieben, bis unter Kardinal Hutten nach Neumanns Vorschlägen 1751–54 eine glänzende dekorative Ausstattung hinzukam; Johannes Zick, der eben den Würzburger Gartensaal ausgemalt hatte, schuf mit den Fresken im Treppenhaus und in den Sälen sein bestes Werk – er hat es auch selbst in ausführlichen gedruckten Beschreibungen erläutert –, und der großartige Stukkateur Feichtmayer, der die Amorbacher Klosterkirche und Neumanns Käppele eben geschmückt hatte, goß den ganzen Reichtum seiner Formenwelt auf den Wänden aus. Die ausgemalte Kuppel des Treppenhauses schien über der großen, nur stuckierten Voute zu schweben, erhellt vom Lichte unsichtbarer Fenster. Inmitten der Szenen zur Bistumsgeschichte stand Kardinal Schönborn mit dem Plan des neuen Schlosses und hinter ihm offenbar sein Bauberater Neumann, hier von Zick, wie in Würzburg von Tiepolo, in seinem eigenen Raume zum rühmlichen Gedenken verewigt. Der Fürstensaal, für dessen Gestalt und Schmuck ja auch Neumann bis zuletzt sorgte, übertraf, was die Gesamtkonzeption angeht, noch den Würzburger Kaisersaal, er wurde unter Neumanns Händen ein bezauberndes Meisterwerk, völlig aus einem Guß geschaffen. Der jüngste Krieg hatte dieses ganze Wunderwerk fast tödlich getroffen; der Wiederaufbau hat die Raumfolge und das Bild der Architektur wiederhergestellt; Stuck und Malerei sind von lebender Meister Hand nachgeschaffen worden und vortrefflich gelungen.

*

Residenz Würzburg, Hofkirche

Die Tauberbrücke in Tauberrettersheim, 1733

Im Sommer 1736 war der Wittelsbacher Kurfürst Clemens August von Köln als Deutschmeister in seiner Residenz Mergentheim gewesen und hatte von da aus Fürstbischof Friedrich Karl einen Besuch gemacht; Neumann hatte ja mit dem Bauwesen des Deutschen Ordens schon ein Jahrzehnt zuvor Verbindung bekommen, und zweifellos hat er jetzt den baubegeisterten Wittelsbacher auch durch die Residenz geführt. Jedenfalls ruft man ihn gelegentlich einer seiner zahlreichen Reisen zum Trierer Kurfürsten Schönborn nach Ehrenbreitstein im Sommer 1740 auch nach Brühl, in die Sommerresidenz des Kölner Kurfürsten.

Neumann hatte auf diesen größeren Reisen immer eine Menge von Aufträgen und Geschäften, über die wir durch seine Berichte an Friedrich Karl oft, wenigstens in großen Zügen, unterrichtet sind; es ist aufschlußreich, eine solche Reise mit ihren mannigfaltigen Einzelheiten einmal zu verfolgen, um die Fülle von Anregungen zu ermessen, die ein solcher Meister, durch die Lande reisend, mit vollen Händen ausstreute. Neumann besuchte auf dieser Reise 1740 unterwegs das Löwensteinsche Schloß Kleinheubach, um Ratschläge beim Innenausbau zu geben: in Frankfurt machte er halt, um auf Bitten des Rates seine Meinung über den Wiederaufbau der Mainbrücke zu äußern, deren mittlere Bogen und Pfeiler eingestürzt waren; tags darauf findet man den Meister im nahen Heusenstamm, wo die Witwe des Generals Schönborn residiert; hier weilte eben Kardinal Schönborn bei seiner Schwägerin, und Neumann besprach mit ihm an Hand mitgebrachter Modelle die Anfertigung und Aufstellung der Epitaphien Wolfgang Auveras für die beiden Kurfürsten Schönborn im Mainzer Dom, anschließend kam der Neubau der Heusenstammer Kirche zur Debatte. Dann reiste Neumann nach Worms, wo Kurfürst Franz Georg Schönborn seiner für den Bischofshof und zum Abschlusse der Arbeiten im Domchor bedurfte, nachdem Wolfgang Auveras Figuren an Neumanns Hochaltar aufgestellt waren; in Mainz hatte Neumann wegen der Epitaphien zu verhandeln, wobei er dem Kurfürsten Ostein, einem Neffen der Schönborn-Bischöfe, die Pläne gelegentlich einer Audienz vorführen durfte.

Nach der Rheinfahrt sah sich Neumann gleich in Ehrenbreitstein um. 1738 hatte er schon ein großes Verwaltungsgebäude für Ehrenbreitstein entworfen, den Dikasterialbau, der bis 1748 unter örtlicher Leitung seines Schülers Seitz vollendet wurde. Die langgestreckte Front ist unten mit breiten, flachen Eckrisaliten eingespannt, und ein zierlicher, giebelgeschmückter Mittelbau gibt ihr den charakteristischen Akzent rheinisch-fränkischer Herkunft, wie ihn Neumann und Seitz nun geprägt hatten. Neumann verweilte damals noch abends anderthalb Stunden beim Kurfürsten Franz Georg, dem er auch die Epitaphienmodelle für Mainz vorführte; hier blieb Neumann eine ganze Woche, um das Festungsbauwesen sowie das Stadt- und Landbauwesen durchzuarbeiten.

So kam er nun auch nach Brühl, und da es schon Abend war, wurde er nach der Tafel von Kurfürst Clemens August selbst, begleitet von einigen Ministern, durch das Schloß geführt. Neumann hatte nicht vor, lange zu bleiben, sondern wollte eigentlich so rasch wie möglich weiterreisen, aber der Kurfürst wußte ihn für acht Tage festzuhalten und übernahm die Hauptsache, nämlich diese Verzögerung auf dem Reiseweg dem Würzburger Bischof anzuzeigen und mit seiner Bitte um Neumanns Rat und Tat bei den Schwierigkeiten des Schloßbaues zu begründen.

In Neumanns Begleitung reist diesmal der Bildhauer Wolfgang van der Auwera, und beide fahren von Köln nach Amsterdam weiter, wo Neumann sich drei Tage aufhält, sich umsieht und vor allem ein großes Exportgeschäft für die Erzeugnisse seiner Schleichacher Glashütte unter Dach bringt. Über Haarlem, den Haag, Leyden und Utrecht geht die Reise nach Würzburg zurück, und Neumann schreibt, daß ihn in Holland die Gartenkunst und die Schleusenbauten besonders interessierten.

Bei solchen Reisen konnte Neumann meist nur beratend tätig sein, indem er schon vorhandene Planungen oder bereits im Bau begriffene Vorhaben änderte und verbesserte. Lediglich dort, wo er verweilte, besonders in Bruchsal, Brühl und Koblenz, konnte er selbst planen und ausarbeiten; dabei kam es ihm zugute, daß er im Kurtrierischen in den beiden Seitz, zunächst dem Vater, der in Wiesentheid und Bruchsal für ihn als Polier tätig gewesen war, und dann in dem Sohne, treue Mitarbeiter hatte.

Das alte kurkölnische Schloß in Brühl war 1689 von den Franzosen gesprengt worden; 1715 war ein Neubau durch den französischen Hofarchitekten Robert de Cotte unter Benützung der noch stehenden Reste vorgesehen, der 1724 unter Bauleitung von Hauberat in Gang kam; nach dessen raschem Ausscheiden kam dann noch Schlaun zum Zuge, den der Kurfürst in seiner Eigenschaft als Bischof von Münster herbeirief; er hat das vierflügelige Wasserschloß zu einer dreiflügeligen Anlage mit tiefem Ehrenhof umgestaltet. Seit 1728 hatte François Cuvilliés die Bauleitung, und mit ihm zog das französisch orientierte bayerische Rokoko von München aus an den Sitz der rheinischen gab dem Ganzen in Bau und Dekoration die zeitgemäße Note. Die Verlegung der Wohnung in den Südflügel, vor dem sich auch der neue Garten dehnen sollte, machte dann ein neues Treppenhaus erforderlich.

Hier erscheint nun Neumann 1740, vom Kurfürsten beim Bischof Schönborn ausgebeten, zur richtigen Zeit, um in diesem Dilemma die rettende Idee zu finden. Im Sommer 1741 ist er wieder in Brühl, und wird wiederum vom Kurfürsten mit ausgesuchter Aufmerksamkeit bedacht. Neumann kann an der Hoftafel im Gespräch mit den Gesandten Frankreichs, Bayerns und Sachsens einen großen persönlichen Erfolg für sich verbuchen; er hatte ein Modell für die Umgestaltung des Mittelbaus und seine neue Raumfolge vorzuweisen.

Neumann will das Treppenhaus jetzt an einen neuen Platz rechts der Durchfahrt in den Nordteil des Mittelbaues legen, den Saal über der Durchfahrt belassen und anstelle des alten Treppenhauses im Südteil hier einen zweiten Saal anschließen, so daß eine repräsentative Raumfolge vor der Herrscherwohnung entsteht. Über diese allgemeine Anweisung hinaus gibt er für das Treppenhaus, das ja im Rahmen des stehenden Mauerwerks nicht breiter werden konnte als das alte, seine neuen Details, die entscheidenden Ideen: die Vergrößerung in der Länge und Höhe, dazu einige ungemein geschickte Verbesserungen: die innere Stützmauer der oberen Läufe ist nicht massiv, sondern in Bögen geöffnet, die Stützmauer des oberen Umgangs tritt im Erdgeschoß nicht in Erscheinung, weil sie durch das verbreiterte steigende Gewölbe abgefangen wird, welches die oberen Läufe trägt. Schließlich sind auf dem oberen Umgang, wie in Würzburg, keine Säulen vorgesehen, so daß ein einheitlicher Saal entsteht. Damit ist eine Weite gewonnen und eine Durchsichtigkeit erreicht, die alles Beengende vertreibt; das Vestibül ist nur flach gewölbt und gegen das Treppenhaus ganz geöffnet. Hier kommt die größere Längsausdehnung zum vollen Effekt, vor allem aber die geistreich ersonnene ovale Öffnung

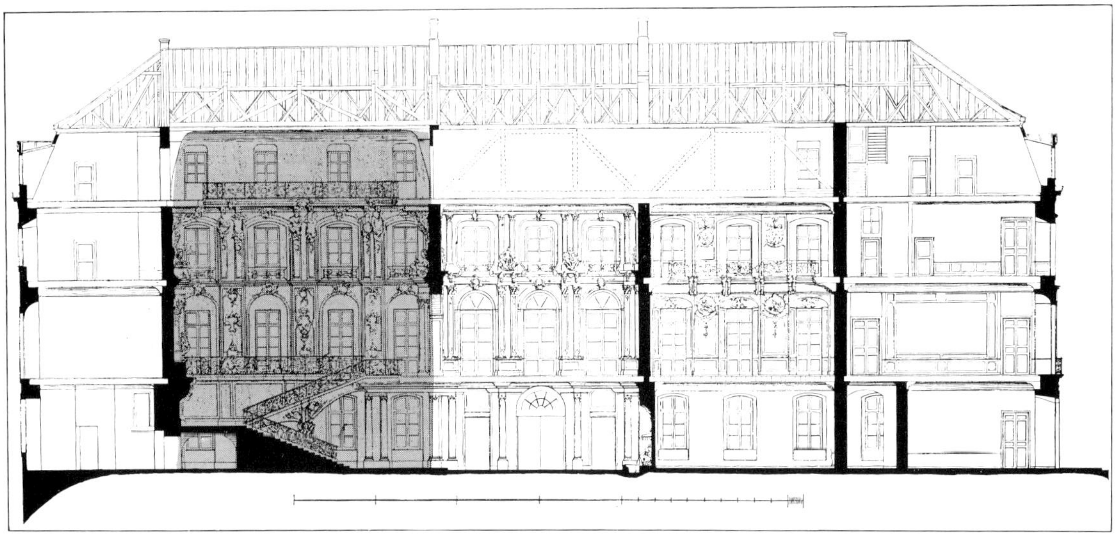

Schloß Brühl, Planaufnahme mit dunkler Markierung des Neumann-Treppenhauses

der Deckenmitte zu einem kuppelartigen Raum darüber, der in das Dachgeschoß hineinragt; so fliegt der Blick des Beschauers beim Betreten der Stiege durch vier Stockwerke empor. Die jüngsten glücklich gelungenen Restaurierungsarbeiten haben vor allem die ursprüngliche Farbenpracht wiederhergestellt.

Dieses Brühler Treppenhaus ist eine echte und völlig eigene Schöpfung des großen Meisters, der hier wieder eine verfahrene räumliche Situation durch neue Ideen zu retten verstand; hier, wo es galt, allerlei Schwierigkeiten zum Trotz, eine große Konzeption zu verwirklichen, wuchsen ihm, wie in Bruchsal, besondere Kräfte zu, und es haftet dem vollendeten Raume wieder die Selbstverständlichkeit des Vollkommenen an. Daß einige Details mit geringerer Bedeutung nicht ebenso geglückt erscheinen, muß den geschilderten Umständen zugute gehalten werden. Carlo Carlones farbenprächtige Deckenmalerei und die eleganten Stukkaturen Artarios, Morsegnas und Brillis, schließlich Sandteners zierliches Gitterwerk tun ein übriges, um den Eindruck festlichen Prunkes zu steigern und das großartige Werk zu krönen, das einen Höhepunkt der Barockkunst am Rhein darstellt.

Neumann ist in den vierziger Jahren noch öfters in Brühl zur Inspektion des Schloßbauwesens, auch wegen wassertechnischer Fragen bei der Anlage des Parks; der Kurfürst nahm ihn auch mit nach Poppelsdorf nächst Bonn als Berater bei der Vollendung des dortigen, von de Cotte geplanten und von Hauberat begonnenen Schlosses und seiner Innenausstattung; auch die Anlage der Hl. Stiege an der Kreuzbergkirche dort, die der Scala Sancta in Rom nachgebildet werden sollte, mußte Neumann als stets gerngesehener Gast des Wittelsbachers, ebenso wie den Hochaltar dieser Wallfahrtskirche, 1745 entwerfen; der Grundstein wurde 1746 gelegt, bis 1751 war samt dem Bau auch die Schauseite mit der effektvollen Ecce-Homo-Szene in lebensgroßen Figuren auf dem Balkon vollendet.

Kurfürst Clemens August behandelt Neumann mit jener Aufmerksamkeit, die auch Friedrich Karl seinem Freund Lukas v. Hildebrandt erwies; der Meister geht mit dem Herrscher auf die Jagd und ist ständiger Gast an der kurfürstlichen Privattafel. Als Neumann 1745 eben in dem Augenblick eintrifft, da man Clemens August die Nachricht vom Tode seines Bruders, Kaiser Karls VII. überbringt, wird er dennoch alsbald vorgelassen, und es war zweifellos dem Würzburger Bischof nicht unangenehm gewesen, daß er in den Jahren zuvor mit Neumanns Beurlaubung dem Hause Wittelsbach und also der antiösterreichischen Partei im Reiche seinen guten Willen zur Neutralität beweisen konnte, während der Festungsbaumeister Neumann im Kurstaate Trier durch Jahrzehnte die westlichen Vorposten habsburgischer Reichstreue in Verteidigungsstand brachte und ausbaute. Es waren die Jahre, da man

Erster Entwurf zur Bebauung der Theaterstraße in Würzburg, östliche Hälfte, 1739 (links Residenzplatz, rechts Eichhornstraße). Univ. Bibliothek, Würzburg

den Würzburger Bischof fast gleichzeitig als Premierminister an den Hof Karls VII. nach Frankfurt und an den Hof Maria Theresias nach Wien rufen wollte, während ja nur die strengste Neutralität seine Staaten retten konnte und schließlich auch gerettet hat.

Als Hofkirche des Brühler Schlosses diente die benachbarte Franziskanerkirche, und hier hat Neumann in Zusammenarbeit mit dem Bildhauer Auwera eine seiner reizvollen Altarschöpfungen gestaltet von jenem Typ, den er für den Wormser Dom und St. Paulin in Trier auch vorzog; in der zierlichen Durchsichtigkeit seiner Freisäulenarchitektur und des krönenden Baldachins wird er bereichert durch einen großen Rundspiegel, der die kurfürstliche Loge in der Chorwand verdecken sollte, während die Mensa doppelseitig gebildet ist, damit der Kurfürst von der Loge aus der Messe beiwohnen kann. Auveras Verkündigungsgruppe über dem Tabernakel ist ein Werk von vollendetem Charme. So ist es auch verständlich, wenn der Kurfürst, voller Freude über diese neue Zierde seiner Hofkirche, gleich darauf drängte, etwas von dem ganzen Werk aufgebaut zu sehen, als der für die Verpackung und den Versand zerlegte Altar im Herbst 1745, während Neumann gerade zugegen war, nach geglücktem Wassertransport von Würzburg aus in Brühl eintraf. Nach schwerer Beschädigung im jüngsten Kriege hat eine mit glücklicher Hand durchgeführte Restaurierung das geistreiche Altarwerk wiederauferstehen lassen.

*

Anfangs der dreißiger Jahre errichtete Neumann für des Bischofs Bruder, den Bamberger Dompropst Marquard Wilhelm Graf von Schönborn und sein Kapitel ein neues Haus neben dem ehrwürdigen Kaiserdom; der Entwurf hatte dem neuen Bischof Friedrich Karl besonders gefallen, und er stellt in der Tat Neumanns Fähigkeit, sich in gegebene Verhältnisse zu schicken, ein besonderes Zeugnis aus. Mit großem Feingefühl hat er das System der Fassade durch eine überzählige Achse vom Dom getrennt. Das Kapitelhaus kann neben der gewaltigen Kathedrale doch ein ausreichendes Eigenleben führen, und seine Fassade erscheint beim Blick aus der Residenz wegen dieser Streckung hinter dem mächtigen Strebepfeiler des Domes nicht verkürzt. Der beste Beweis für die Notwendigkeit dieses Zwischengliedes ist wohl, daß es kaum bemerkt wird. Die Gliederung der Fassade ist, wie später bei den kleinen Würzburger Domanbauten, betont vertikal.

Bald danach folgen die Pläne zum Priesterseminar und zum Spital in Bamberg, die damals freilich auf die noch stehende alte Martinskirche Rücksicht nahmen; letzteres mit einer nach außen nicht erkennbar in den langen Trakt eingebauten dreigeschossigen, als Zentralbau konzipierten Hauskapelle, die mit dem Spital im 19. Jahrhundert abgebrochen wurde. Hier haben nur die Straßenfronten und ihre Eckpavillons reicheren Schmuck erhalten; der verrät nun, besonders im Vergleich mit Fassaden wie jener in Heidenfeld, wie sehr die neue Begegnung mit Wien Neumanns Formenschatz und Komponierfreude gelockert hat; aus solchem Gestalten entspringen dann auch die Fassaden des Schlosses Werneck.

Neumann mußte später noch auf dem Michaelsberg in Bamberg ordnend in die Planung des Vorhofes eingreifen, ohne daß sich eine so imposante Lösung bieten konnte, wie er sie dann in Banz

Erster Entwurf zur Bebauung der Theaterstraße in Würzburg, westliche Hälfte, 1739 (links Eichhornstraße, rechts Juliuspromenade). Univ. Bibliothek, Würzburg

verwirklichte. Ein großes, vom Kurfürsten Lothar Franz überkommenes Projekt: Ausbau und Vollendung der Dienzenhoferschen Neuen Residenz in Bamberg, wurde von Friedrich Karl schon 1730 aufgegriffen und Neumann mit dem Heraussuchen alter Pläne wie mit neuen Entwürfen betraut; der geplante Westflügel auf dem Platz der Alten Hofhaltung wurde dann aber doch nicht gebaut und damit blieb auch Neumanns dort am Nordeck geplante kleine Hofkirche, ein geistreich aus der Holzkirchener Rotunde weiterentwickelter Zentralbau, auf dem Papier. Unausgeführt blieben auch die Pläne des Bischofs, Neumanns und Küchels zum Ausbau der Bamberger Residenz auf dem Gelände der alten Hofhaltung; immerhin hatte Neumann mit glücklicher Hand bei der Platzgestaltung eingegriffen, als Justus Dienzenhofer 1739 gegenüber dem Residenzpavillon den Stadionschen Hof neu errichtete. Neumann hat mit Rücksicht auf die künftige Gestalt des damals hier noch verbauten Platzes dieser Kurie einen erhöhten Trakt angefügt, der zum Platze als Pendant des großen Pavillons erscheint. Der wechselnde Maßstab als Gestaltungsmittel wahrer Stadtbaukunst ist hier meisterlich demonstriert.

Wenig später entwarf der Meister Pläne zum völligen Neubau der Abtei Oberzell bei Würzburg; die 1742 begonnene Ausführung zog sich über seinen Tod hinaus, und so wurde die Hauptfront mit dem reizvoll erdachten Treppenhaus erst unter der Aufsicht des Sohnes, leider nur noch teilweise, vollendet.

Neumann konnte in den späteren dreißiger Jahren auch seine alten städtebaulichen Anliegen für Würzburg wieder aufgreifen: 1726 hatte er schon ein vorsorgliches Bauverbot am Stephanstor erlassen, 1736 fällt dieses alte Tor, und so entsteht eine freie Anfahrt von der Neubaustraße auf die neue Hofpromenade zur Residenz. In der Neubaustraße wurde sogleich das letzte der fünf großen Bürgerhäuser (Nr. 6–14) unter mehr oder weniger direktem Eingreifen Neumanns vollendet, der, nach eigenen Worten, jährlich 20 bis 30 solcher Hausrisse umsonst machte.

Neumanns Ziel war die Schaffung einer mit prächtigen Neubauten geschmückten Ringstraße auf dem Boden der mittelalterlichen, längst überflüssigen Stadtbefestigung; nachdem Neubaustraße und Hofpromenade in diesem Sinne festgelegt und gestaltet waren, folgte nun die Zuschüttung der Gräben auf der Nordostseite des Fünfecks, wodurch die Straße „auf dem Graben", die heutige Theaterstraße, entstand. Später folgte auf der Nordseite des alten Mauerringes die heutige Juliuspromenade. Nun war die etwas abseits und außerhalb der alten Stadt liegende Residenz mit drei neuen repräsentativen Zufahrten in das Straßennetz einbezogen.

Die auf den alten Gräben neugewonnenen Flächen waren so groß, daß Neumann sie zur Bebauung freigab, und man nutzte diese Gelegenheit, um damit Hauseigentümer abzufinden, deren Anwesen einer Straßenregulierung geopfert werden sollten, man siedelte am „Graben" auch Hofbeamte und Hofkünstler an. Neumann entwarf einige Projekte für die Westseite der neuen Straße, und hier konnte er endlich einmal die modellmäßige Bebauung einer ganzen Straßenfront nach vorgeschriebenem Plan durchführen, die ihm auf der Domstraße aus finanziellen Gründen nicht geglückt war. Die Lockerung der schematisierten Straßenflucht zu einer lebendigen Bauanlage gab der Straße das Gepräge einer sehr lebendigen Bauschöpfung. Einer der neuen Anwohner, der Bildhauer Lukas van der Auwera, schuf

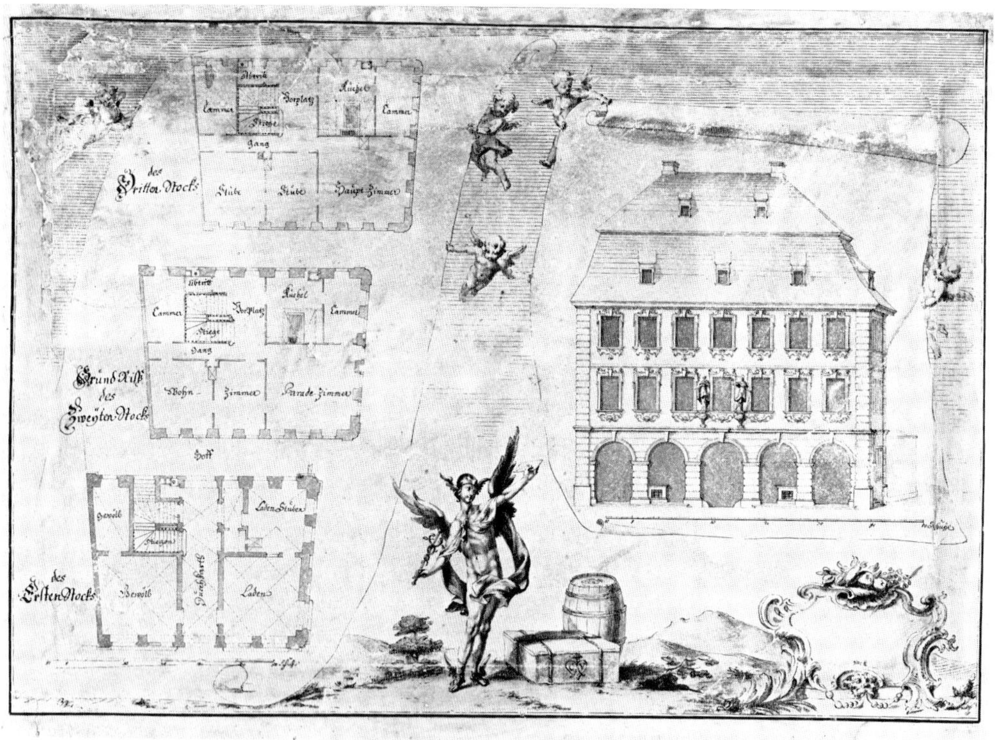

Plan des Hofes Rombach, Eichhornstraße 23 in Würzburg, Tuschzeichnung um 1750. Mainfränkisches Museum, Würzburg

damals die schönen Portale der Häuser, von denen eines erhalten ist, und Antonio Bossi schuf eine Menge prachtvoller Stuckdekorationen in den Zimmern. Diese Neumannsche Straße galt dem Biedermeier noch als schönste Wohnstraße Würzburgs; in unserem Jahrhundert zog die Geschäftswelt ein, und der letzte Krieg hat das alte rhythmische Gefüge von Hausblöcken und Gartenmauern, die Peter Wagners Putten einst krönten, endgültig zerrissen.

An diese Auffahrt zur Residenz führte die Semmelstraße heran, damals die Haupteinfahrt in die Stadt für den Verkehr von Nordosten und Osten. Auf der Kreuzung erblickte man schon in der Ferne den Ehrenhof der Residenz; natürlich mußte auch die Einfahrt in die Innenstadt gestaltet werden, was Neumann durch Begradigung und Neubauten in der Eichhornstraße begann. Der 1945 zerstörte Hof Rombach (auch Ronebach, Rohmbach, Eichhornstraße 23) war zweifellos Neumanns schönstes Bürgerhaus; er entwarf es für den befreundeten Großkaufmann Venino, der mit ihm zusammen auch Beisitzer im Oberrat war, einen Italiener aus dem Venezianischen, wie sie damals häufig in Würzburg ansässig wurden. Dabei hat er nicht nur die Zweckforderungen, die an einen solchen, Geschäft, Lager und Wohnung beherbergenden, repräsentativen Bau gestellt wurden, völlig erfüllt, sondern die Gesamtheit dieser Aufgaben auch nach außen hin sehr glücklich zu formulieren gewußt; beides zusammen macht seine besondere künstlerische Leistung aus.

Wo die Eichhornstraße sich dem Markt nähert, standen schon, am Eingang des Platzes, Neumannsche Häuser, von denen nur das südliche noch vorhanden ist; auf dem Platze selbst befand sich eine Zusammenballung windschiefer uralter Häuser; sie mußten nun verschwinden, und Neumann schloß die südliche Platzwand durch einen großen Block, der Geschäfte und Wohnungen für sechs enteignete kleine Handelsleute enthielt, die mehr oder weniger freiwillig umsiedelten. Das gefällige, dreigeschossige neue „Handlungshaus" ist ein rechteckiger Bau mit zentralem Lichthof; er wird unten von den einst offenen Arkaden für Läden getragen, über denen sich ein Lagerraum im Arkadenbogen befand, darüber in zwei Geschossen sechs Wohnungen, jede mit eigenem Treppenhaus versehen. Der Markt

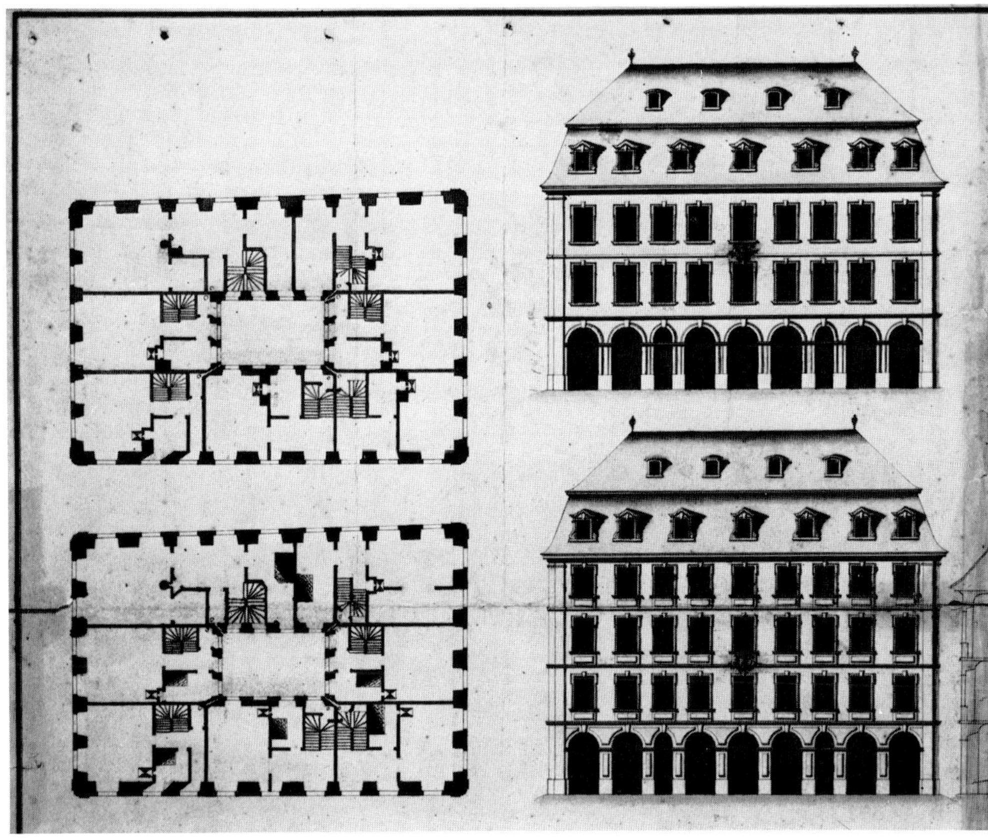

Vorentwürfe für das Kaufhaus am Markt in Würzburg, 1739. Univ. Bibliothek, Würzburg

erhielt damit einen Bau von ruhigen und vornehmen Maßen, nach dem andere sich in Gliederung und Höhe ausrichteten.

Im Jahre 1751 brachte die von unbekannten Wanderstukkatoren ausgeführte und nach dem Stadtbrand von 1945 prachtvoll wiedererstandene Fassadendekoration des damaligen Gasthauses „Zum Falken“ an der Marienkapelle noch jene unvergleichliche Note von Heiterkeit in diese festliche Architekturlandschaft, die das von der Baukommission mit vielen Steuerfreijahren bedachte Haus zu einem der liebenswertesten Geschöpfe des Rokoko und zum bürgerlichen Pendant der Residenz gemacht hat. Die Fülle ornamentierter Sandsteinfassaden in der Domstraße und im engeren Stadtkern, wie sie Neumann teils selbst entworfen, teils genehmigt hatte, ist jetzt zerstört; die bürgerliche Kunst dieser Epoche hat damit unendlich viel verloren.

Besondere Erwähnung verdient der Neubau des Hofs Marmelstein, den Neumann 1747 in der Domerschulgasse für den Dompropst Graf von Stadion, den nachmaligen Bischof von Bamberg, entworfen hat. Die einst ganz stille und schmale Gasse hat Neumann durch seinen Bau nicht beeinträchtigt, sondern in sicherem Empfinden die Bedürfnisse eines Dignitärs der Rokokozeit mit der Atmosphäre und Tradition dieses alten Dombezirks zu verbinden gewußt. Fassade und Baukörper verraten ein ausgeprägtes Feingefühl für architektonische Umgebung. Lukas Auveras Portalbekrönung ist der einzige Schmuck des Hauses. Dahinter liegt eine gewölbte offene Halle, aus der eine elegante Treppe zu den schön stuckierten Zimmern der Straßenfront führte; sie gingen im Stadtbrande zugrunde, das Haus aber ist in veränderter Umgebung wieder aufgebaut und dient jetzt dem Bischöflichen Ordinariat.

Eine besondere Leistung denkmalpflegerischer Art und ein untrüglicher Beweis für Neumanns instinktive Sicherheit in solchen Fragen bedeuten die Anbauten für Sakristei und Ornatkammer auf der

Oben: Der Marktplatz in Würzburg 1725 vor der Freilegung und dem Kaufhausbau 1739 (rechts). Ausschnitt aus einem Kupferstich von Salomon Kleiner

Unten: Der Marktplatz in Würzburg mit Neumanns Kaufhaus von 1739. Aufnahme 1935

Ostseite des Domes, die 1749 errichtet wurden. Beide Bauwerke schmiegen sich der mittelalterlichen reichgegliederten Chorpartie innig an; die straffe Vertikalgliederung durch Lisenen ohne waagrechte Gurte oder Sockel verrät die Unterordnung dieser dienenden Bauteile, die dadurch einen starken Höhentrieb erhalten und sich damit dem Höhenzug der riesigen Baumasse eingliedern; gleichzeitig bot sich durch eine bestimmte Fluchtführung die Gelegenheit, diese stark zerklüftete Platzwand optisch zu schließen.

In diesen Jahren hat Neumann, indem er ein schon 1723 erörtertes Projekt wieder aufgriff, auch das Innere des Domes dadurch wesentlich umgestaltet, daß er den sehr hohen Ostchor niedriger legte; damit wurde die Barockisierung der salischen Kathedrale glanzvoll abgeschlossen, nachdem auch Gattingers zierliches Chorgitter (jetzt beim Haupteingang aufgestellt) und das von Auwera nach Neumanns Angaben ausgeführte weiß-goldene Chorgestühl (1945 verbrannt) den nun schon vom Eingang her übersehbaren Chor schmückten.

Unter vielen technischen Arbeiten war die Versorgung Würzburgs mit fließendem Wasser ein Unternehmen Neumanns, das auch dem Bischof als aufgeklärtem Landesherrn aus Sorge für die Gesundheit der Bevölkerung am Herzen lag; die Stadt verdankt dieser Ingenieur- und Tiefbauarbeit Neumanns aus den dreißiger Jahren eine nach anfänglicher Skepsis jubelnd aufgenommene Annehmlichkeit und, durch die bald einsetzende künstlerische Ausgestaltung der Brunnen, ein bis heute charakteristisches Wahrzeichen.

*

Das räumliche Gestalten war allezeit Neumanns besonderes Anliegen gewesen, es hat ihn stets mehr als alle Fassadenbildung interessiert; hier weiß er sich jederzeit ganz in seinem Element und präsentiert immer neue, oft überraschende Ideen. So offenbart sich sein künstlerisches Wollen vor allem in den Kirchenbauten. Hier paarte sich seine ans Unwahrscheinliche grenzende Fruchtbarkeit mit einer geradezu traumhaften Sicherheit in der Lösung konstruktiver wie statischer Probleme und glücklicherweise mit einer reichen Fülle von Aufträgen. In diesem Sinne war seine baukünstlerische und bautechnische Begabung ganz ausgeprägt; der fatale Einsturz, der sich bei dem Berliner Münzturm Andreas Schlüters oder bei Petrinis Würzburger Kanzleibau ereignete, wäre Neumann nicht passiert.

In der Epoche Friedrich Karls überwand Neumann die anfänglich starken stilistischen Bindungen zum Westen. Die leichtere Art Hildebrandts bedeutete viel auf dem Wege seiner künftigen Entwicklung, ebensoviel aber auch die Begegnung mit Dienzenhofers Werk und der böhmischen Kunst. Das Wesentliche aber kam aus ihm selbst heraus ans Licht.

Die Wallfahrtskirche zu Gößweinstein in der Fränkischen Schweiz erscheint schlicht in ihrem räumlichen Gefüge als kreuzförmige Basilika mit tonnengewölbten Armen. Die Verschmelzung der Raumteile wird dadurch gefördert, daß Chorschluß und Querhausarme nicht rechteckig, sondern mit drei Seiten des Achtecks schließen, so daß die Flachkuppel, die fast freischwebend erscheint, bei nur zweijochigem Langhaus leicht dominieren kann.

An der Planung hatten früher schon Dienzenhofer, Welsch und Anselm von Ritter zu Grünstein gearbeitet; die Kirche wurde 1730 nach Neumanns Plänen und unter seiner Aufsicht begonnen, und 1735 unter Küchels Aufsicht vollendet, der insbesondere den Hochaltar und die großen Seitenaltäre und später auch die effektvolle Brüstungsmauer vor der Kirche schuf. Jacob Vogels reiche Stukkatur tat ein übriges, um den festlichen Raumeindruck zu erhöhen. Neumanns zweitürmige Fassade erinnert noch sehr an die ersten Schwarzacher Fassadenentwürfe, ihre Gliederung mit Halbsäulen und Pilastern ist dabei ebenso wirkungsvoll wie die Silhouette der noch nicht eingezogenen Turmhauben.

Ganz neue Saiten klingen in den endgültigen Entwürfen für die Würzburger Hofkirche auf, die nun 1732 in der vorderen Ecke des Südflügels der Residenz ihren Platz bekommen soll. Diese durch drei ovale Flachkuppeln über einem rechteckigen Grundriß ganz ungewöhnlich eingewölbte Kirche ist aus Neumanns jüngster Begegnung mit dem böhmischen Barock erwachsen. Auf die merkwürdigste Weise entsteht hier in einem längsrechteckigen Raum eine kuppelgewölbte Mitte, die an ihren Grenzen mit den benachbarten Raumteilen eng verschmolzen ist. Der Bischof selbst hat dazu ein charakteristisches Motiv beigetragen, das sonst nur von Wallfahrtskirchen bekannt ist: den oberen Choraltar auf einem kleinen Umgang, der ihm den direkten Zutritt aus seiner nebenan gelegenen Wohnung ermöglichte. Die von Hildebrandt bestimmte prächtige Dekoration in Gold und Marmortönen verwirrt die einzelnen Anteile dieser Raumschöpfung zu einem untrennbaren Ganzen. Diese Kirche gehört zweifellos zum Geistreichsten, was die Epoche hervorgebracht hat.

Höchst originelle Lösungen fand Neumann auch da, wo er sich bei Neubauten dazu entschloß, Bauteile früherer Jahrhunderte zu übernehmen. Das geschah 1738 bei der Peterskirche in Bruchsal; ihren gotischen, aus fünf Seiten des Achtecks gebildeten Chor übernahm er als östliches Querhaus für seinen vierarmigen, kreuzförmigen Zentralbau, dessen andere Arme dazu entsprechend gestaltet wurden; so entstand hier eine Vierung zwischen vier gleichartigen Armen. Das räumliche Detail ist auf den Zweck der Grablege für die Fürstbischöfe von Speyer abgestimmt, während das Äußere dieser repräsentativen Aufgabe durch zwei Türme mit den charakteristischen Hauben gerecht werden will.

Ein ähnliches Problem beschäftigte Neumann fast gleichzeitig beim Kirchenbau für die Würzburger Dominikaner, deren altes Gotteshaus aus einer niedrigen Basilika des 13. Jahrhunderts mit einem sehr hohen Chore des 14. Jahrhunderts bestand. Neumann wollte diesen, wie er sagte, schönen alten gutgewölbten Chor erhalten und richtete sein dreischiffiges Langhaus in der Höhe danach aus, daß es um die alte, zunächst weiterbenützte Kirche herumgebaut wurde, bis zuletzt deren Steine für die neue Fassade verwendet wurden. Die überreiche Rokoko-Ausstattung der später an die Augustiner übergegangenen Kirche ist 1945 verbrannt; ein schmerzlicher Verlust, aber dadurch gemildert, daß die Schönheit des Raumes selbst nun klarer und reiner ins Auge fällt.

Altardekoration für die Corpus Christi-Bruderschaft im Dom in Würzburg. Kupferstich von Gutwein 1737 nach einer Zeichnung Balthasar Neumanns von 1730

Im Rahmen seiner Tätigkeit für den Trierer Kurfürsten Schönborn hat Neumann zweifellos schon sehr bald auf die 1732 begonnene Planung zum Neubau der 1689 von den Franzosen zerstörten Stiftskirche St. Paulin in Trier Einfluß genommen; wäre es doch unwahrscheinlich, daß Schönborn, der diesen Bau aus privaten Mitteln bestritt, den Würzburger Meister nicht, als er 1733 erstmals in Trier war, damit befaßt hätte.

Diese einschiffige Kirche mit ihrem in die Fassade eingestellten Westturm ist in der Idee jedenfalls aus dem Fränkischen heraus an die Mosel gekommen; vielleicht hat Georg Seitz, der ja die Wiesentheider Kirche als Werkmeister errichtete, dann in Gößweinstein gebaut hatte und nun in Trierer Diensten war, den ersten Entwurf gemacht. Dieser späte Enkel von Petrinis Würzbürger Neubauturm, dessen Thema Greising schon öfters wiederholt hatte, zeichnet sich in seiner wohl erst mehrere Jahre nach Baubeginn festgelegten Fassade durch elegante Proportion und eine flüssige Grundrißlösung aus; er verhält sich zur Wiesentheider Fassade so, wie die endgültige Schwarzacher Fassade von 1736 zum ersten Entwurf von 1727. Das Innere von St. Paulin besticht durch eine harmonische Raumbildung und die lebhafte Wandgliederung mit Fensternischen und Pfeilervorlagen; das ist alles ganz neumannisch gedacht, voller Phantasie für differenzierte Bildung der Raumschale, wie schon in Holzkirchen deutlich, obwohl weitgehende örtliche Einflußnahme beim Detail vorliegt.

Neumann entwarf 1745 auch das Schema des reichgeschnitzten Chorgestühls und des zierlichen Hochaltars in jener Baldachinform für St. Paulin, die er schon in Worms und jetzt gleichzeitig auch für Brühl gewählt hatte; sie geht hier auf den Würzburger Domhochaltar und letztlich auf Bernini zurück. Diesmal hat Ferdinand Tietz, jetzt in Schönbornschen Diensten am Rhein, den figürlichen Schmuck besorgt. Der Augsburger Freskomaler Scheffler verdankte es gewiß Neumanns Empfehlung, wenn er nach der Arbeit in Heusenstamm nun in St. Paulin seinem flotten Pinsel ein respektables Denkmal setzen durfte. Das ganze Raumensemble verrät Neumanns Einfluß und seine glückliche Hand.

Nach diesen verschiedenartigen Kirchen, die Neumann von der Mitte der Dreißig etwa bis über die Fünfzig hinaus beschäftigen und zu denen sich noch zahllose Landkirchen, etwa Retzbach oder Michelau gesellen, entstehen nun ganz neue Lösungen für das ihn immer weiter bewegende Problem der Raumverschmelzung, das auch seine Zeitgenossen, wie Joh. Michael Fischer in Altbayern und Dom. Zimmermann in Schwaben, beschäftigt. Jetzt, da er sich dem sechzigsten Lebensjahr nähert,

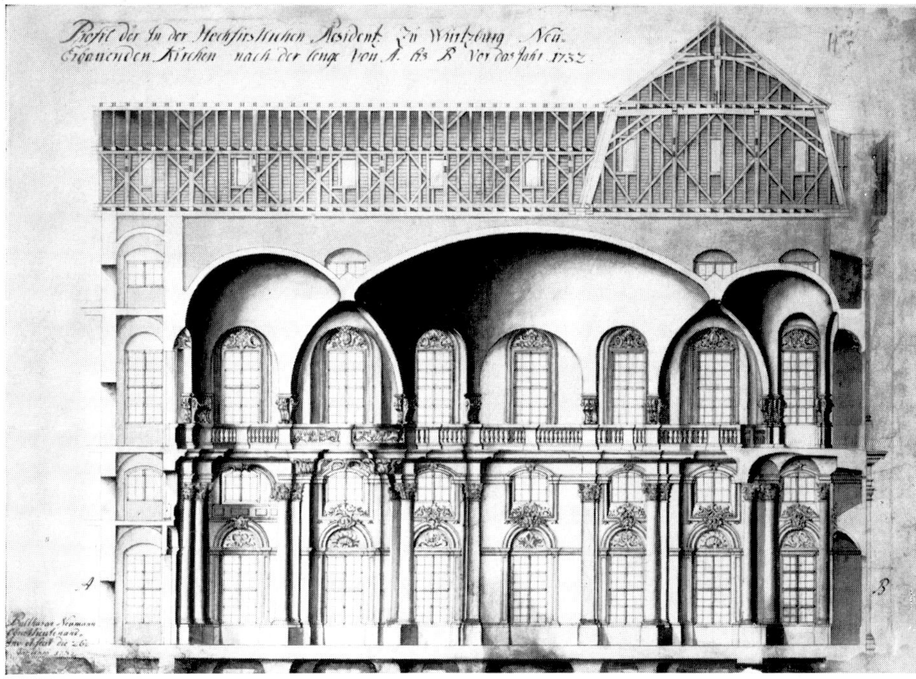

Residenz Würzburg, Hofkirche, Längsschnitt, 1732. Kunstbibliothek, Berlin

erreicht er die Höhe des Schaffens, dessen größte Fülle schon vor einem Jahrzehnt erreicht worden war.

Während Neumanns Hauptwerk, die Würzburger Residenz, zum Abschluß kommt und die großen Säle ihre Gewölbe erhalten, drängen sich unter der Beschäftigung mit diesen Wunderwerken raumschöpferische Ideen ganz in den Vordergrund. Es sind die Jahre, in denen sein Altersgenosse Georg Friedrich Händel die großen, in dieser Form neuerdachten Oratorien komponiert. Während in Dublin der „Messias" zum ersten Male erklingt, dieses gigantische Tonwerk voll barocker Pracht, gelingt Balthasar Neumann 1742 das riesige Gewölbe des Würzburger Treppenhauses; während Händel sein Oratorium „Judas Makkabäus" als ein Tongebirge voll hymnischer Begeisterung aufbaut, entspringen Neumanns Phantasie die Gedanken für die Kirche des Klosters Neresheim, die man ohne Übertreibung einen letzten Höhepunkt barocker Kirchenarchitektur überhaupt nennen muß.

Den Auftakt bildet jene Kirche, die Neumann 1739 in Heusenstamm bei Offenbach für die Witwe des 1726 verstorbenen Generals Schönborn beginnt, nachdem der Plan in Gegenwart des Kardinals Schönborn besprochen war. Der Grundriß zeigt Kreuzform mit einer ausgeprägten Vierung, deren Flachkuppel auf vier in die Pfeiler eingestellten Säulen ruht; die Seitenarme schließen mit drei Seiten des Sechsecks ab, die Apsis im Korbbogen. Der Raum gewinnt eine merkliche Weite, Neumann kommt auch auf das anspruchsvolle Säulenmotiv zurück, das hier wieder erscheint, ohne noch entscheidend zu wirken. Der Würzburger Bildhauer Auwera schuf nach Neumanns Angaben den zierlichen Hochaltar, einen kleinen lichten Aufbau aus Muschelwerk, mit Kruzifix und seitlich knieenden Engeln; der Augsburger Maler Chr. Thomas Scheffler malte die Kirche aus. Das Äußere ist mit dem in die Fassade eingestellten Turm wieder ein Ableger der fränkischen Tradition.

Dann baut Neumann, während die Schloßkirche zu Werneck eben Gestalt gewinnt, zwei andere kleine Kirchen, die als Spiegelbilder neuen Ringens von Bedeutung sind. 1740 wird ein Kirchenbau in dem Schönbornschen Orte Gaibach bei Volkach am Main geplant. Balthasar Neumann benützt die an sich bescheidene Gelegenheit des Neubaus einer ländlichen Patronatskirche, um eine größerer Dimensionen würdige Idee zu verwirklichen. Das Äußere zeigt sich nur als freundlich schlichte

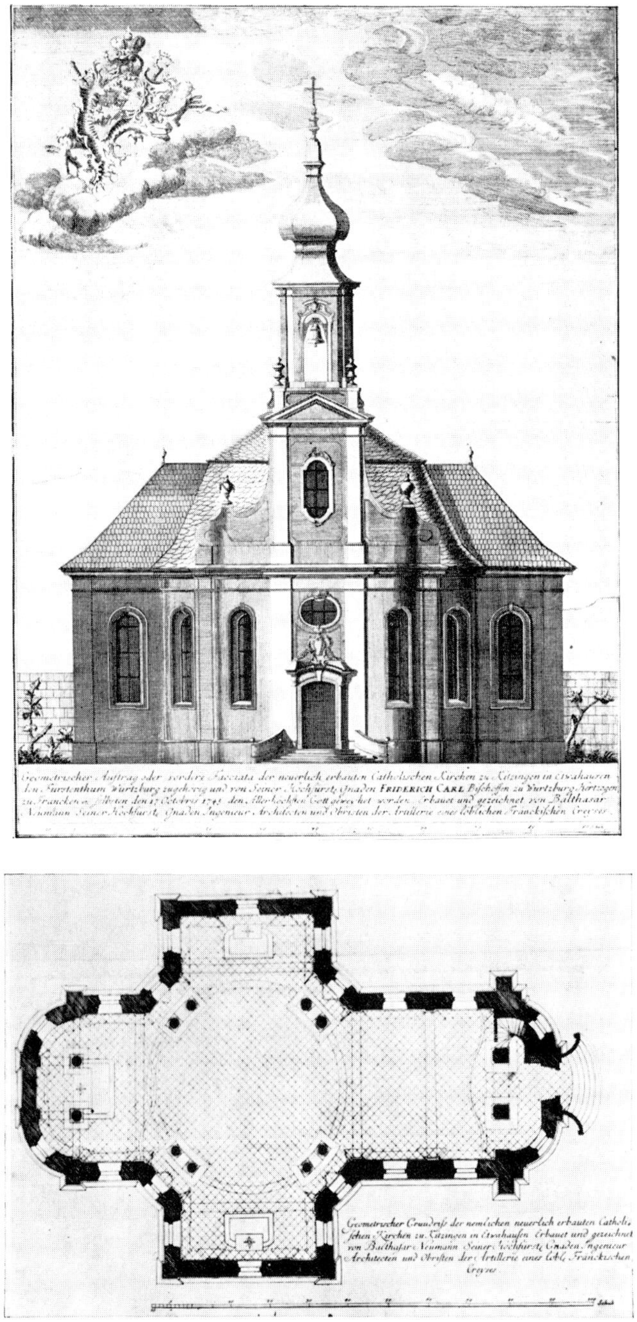

Kitzingen-Etwashausen, Heiligkreuzkirche, Aufriß und Grundriß.
Kupferstiche 1745. Mainfränkisches Museum, Würzburg

Sandsteinfassade, während der Turm hinter den Chor gerückt wird und mit seiner bewegten Haube die Silhouette bereichert; dieses Motiv des Chorturms begegnet von jetzt ab noch öfters wieder. Der Innenraum besteht aus einem fast kreisförmigen, quergelegten Oval als Vierung, an das sich vier elliptische Teilräume legen, einer als Chor, zwei als Querhaus, während der vierte sich gegen das kurze Langhaus öffnet. Im räumlichen Erlebnis dominiert die hier durch vorgezogene kleine Pfeiler betonte Vierung mehr, als der Grundriß zunächst ahnen läßt; die flache Kuppel, von Gurten getragen, schwingt weit in die Nebenräume hinaus und setzt sie dadurch zu Nischen ohne eigenen Wert herab,

Ehem. Zisterzienserabtei Langheim, Fassaden-Entwurf, 1742.
Mainfränkisches Museum, Würzburg

die jede nur eben noch einen Gewölbegurt bis zur Mitte ihres eigenen Raumes der ausschwingenden Kuppel entgegenschicken können. Ein Hauch von jener Heiterkeit, die der Frömmigkeit dieser Epoche eigen ist, schwebt in dieser liebenswürdigen und geistreich ersonnenen kleinen Kirche. Die zurückhaltende Ausstattung verfehlt ihre Wirkung nicht; Antoni Bossis sparsamer Stuck kommt dem räumlichen Eindruck zugute. Das Hochaltarbild weist die Kirche als Familienstiftung aus; es ist merkwürdig genug: im Vordergrunde knien die männlichen Mitglieder des Hauses Schönborn aus drei Generationen, umgeben mit einer Fülle von Mitren und Fürstenhüten, und beten zur Hl. Dreifaltigkeit, die recht bescheiden erst am oberen Bildrand sichtbar ist. 1742 wurde diese Kirche begonnen und 1745 vollendet.

In Etwashausen bei Kitzingen am Main beginnen Planung und Bau 1741. Hinter einem sehr gefälligen Äußeren der nun wirklich sehr eleganten Einturmfront mit den abgerundeten Flanken und zierlicher eingeschnürter Haube, verbirgt sich ein mit gewaltigen Ideen beladenes Inneres. Lediglich die zeltartig gespannte Dachhaut über der Vierung läßt schon von außen eine Überraschung ahnen: inmitten einer kreuzförmigen Anlage mit kurzen Armen liegt eine quadratische Vierung mit abgeschrägten Ecken, vor denen jedesmal ein Paar Freisäulen als Träger einer Kuppel steht; diese halbkugelige, etwas gestelzte Kuppel wird von vier Stichkappen der tonnengewölbten Arme sehr hoch zum Scheitel hinauf angeschnitten, so daß die Raumteile mit der Raummitte in engste Verzahnung

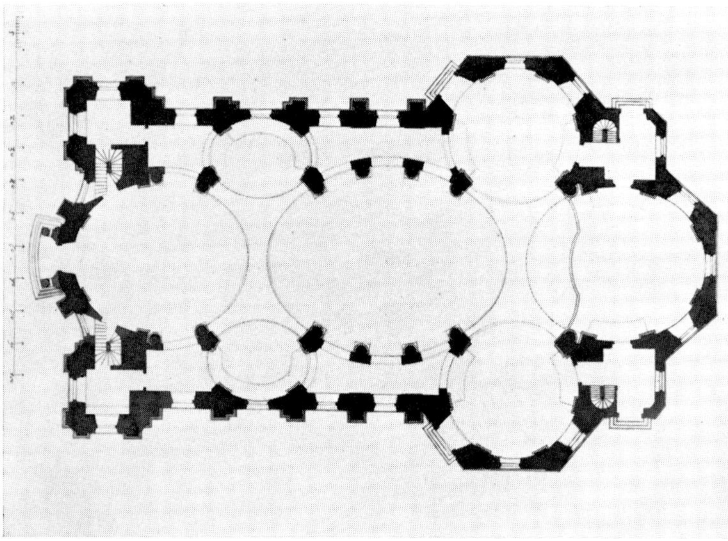

Wallfahrtskirche Vierzehnheiligen, Grundriß, 1744.
Mainfränkisches Museum, Würzburg

kommen, die in der pompösen Begleitung der Säulenpaare alles beherrscht. Sie stehen nun frei, während sie in der Schönbornkapelle, wie unter der riesigen Kuppel von Münsterschwarzach, noch unmittelbar vor der Wand standen. Jetzt fließen die Raumteile vollends ineinander, indem sie die Vierung ganz umfluten.

Die Kirche wirkt in ihrer unerwarteten, merkwürdigen, fast bedrohlich ernsten Architektur um so mehr, als sie ganz ohne Ausstattung an Malerei oder Stuck geblieben ist. Wir wissen, daß Neumann und Schönborn das nicht als Mangel im Sinne der Unfertigen empfanden; gerade der Bischof hat sich wiederholt, beim Bamberger Spital wie auch in Werneck, wenn die Gelder knapp waren, gegen Malerei ausgesprochen und dafür massive Gewölbe verlangt, die nach einem Brande noch die Fortführung des Gottesdienstes ermöglichten.

Auch die großen Kirchenbauplätze Neumanns in diesen Jahren sind schon voller Neuerungen. Die reiche oberfränkische Zisterzienserabtei Langheim, für die er damals einen völligen Neubau von Kirche und Kloster zu planen hatte, sollte nach erhaltenen, ins Jahr 1742 gehörigen Entwürfen eine kreuzförmige Basilika mit gewaltiger längsovaler Vierungskuppel bekommen, mit einem vierjochigen tonnengewölbten Langhaus auf quergekuppelten Säulen. Dazu kam eine pompöse Doppelturmfassade und vier Türme neben der mit hoher Laterne versehenen Kuppel. Die Ausführung unterblieb leider.

Vom gleichen Grundriß geht der Entwurf für die 1742 begonnene Mainzer Jesuitenkirche aus, die 1793 im Kriegsbeschuß der französischen Revolutionsarmee ausbrannte und dann abgebrochen wurde. Sie war allerdings sehr viel höher durch die Einfügung eines kolossalen Sockelgeschosses, über dem dann zwei weitere folgten. Hier ist die Kuppel kreisrund, wieder mit hoher Laterne und ohne Tambour, aber ihre Gurten schwingen nun weit in die benachbarten Kreuzarme aus. Unausgeführt blieben Neumanns 1742 geschaffenen Pläne für eine Jesuitenkirche in Würzburg.

In dieses Jahr fallen dann Neumanns erste Entwürfe für ein Gotteshaus, das seinem Namen Weltruhm einbrachte. Das Kloster Langheim ließ seine alte Wallfahrtskirche zu den Vierzehn Nothelfern, kurz „Vierzehnheiligen" genannt, gegenüber dem Kloster Banz im Maintal gelegen, neu errichten. Schon im Jahre 1448 war die erste Kapelle errichtet worden zu Ehren des Christkindes und der Vierzehn Nothelfer, die 1445 und 1446 zusammen viermal dem Hirtenbuben des Klosters Langheim der Legende nach auf wundersame Weise hier erschienen waren; ihr folgte 1543 ein Neubau, der 1665 mit einem frühbarocken Gnadenaltar geschmückt wurde. 1734 war Stephan Mösinger zum

Wallfahrtskirche Vierzehnheiligen, Aufriß der Fassade, 1744.
Mainfränkisches Museum, Würzburg

Abt in Langheim gewählt worden, der Neumann schon für sein Kloster selbst gerufen hatte und als barocker Prälat offensichtlich am Planen und Bauen seine Freude hatte; hieraus entstand auch ein Konflikt mit dem Bamberger Oberhirten, eben dem Fürstbischof Schönborn, der zu einer äußerst komplizierten Planungs- und Baugeschichte führt. Entwürfe des thüringischen Hofbaumeisters Krohne und Entwürfe Küchels, beide voll dekorativer Feinheiten, wurden vom Fürstbischof abgelehnt, ebenso die zuletzt noch eintreffenden Pläne des greisen Mainzer Generals v. Welsch.

Zwei Entwurfsvarianten stehen am Anfang der Überlegungen. Die eine lehnt sich stark an den eigenen Langheimer Entwurf an, die andere bringt jene Raumverschmelzung durch Kuppeln auf schiefen Gurten, die ihn im gleichen Jahre für Gaibach und Mainz beschäftigt; im Sommer 1742 signiert Neumann sein Projekt, 1743 beginnt der Bau.

Es ist merkwürdig, wie nun Widerstände von dritter Seite Neumann 1744 zwingen, seine vorgesehene Planung jetzt variiert zu vollenden. Waren auch alle Entwürfe Krohnes durch den Fürstbischof verworfen worden, so versuchte der nun als Bauleiter tätige Krohne doch Neumanns Plan dadurch zu verändern, daß er die Kirche mehr nach Osten gegen den Berg verschob und dadurch den wegen der Gnadenerscheinung festgelegten Platz des Gnadenaltars aus der Vierung in das Langhaus brachte.

Wallfahrtskirche Vierzehnheiligen, Originalmodell, 1744. Histor. Verein, Bamberg

Wollte der Fürstbischof schon, als er Neumann beauftragte, das „große Werk aus ganzer Kunst recht machen", so muß sich Neumann nun bei einer Visitation im Winter 1743 „grausamb" wundern: Krohne will obendrein entgegen Neumanns massivem Gewölbe ein Scheingewölbe aus Latten anbringen, außerdem hat er in der Vierung die Pfeiler so massiv gemacht, daß dem Raum die „Durchsichtigkeit" genommen wird, er hat die „schön zarten und guten Steine" am Äußeren nicht werkgerecht verarbeitet, vor allem aber Neumanns Gesamtplanung des Grundrisses durch Eigenmächtigkeiten völlig umgeworfen.

Nach Abklingen des ersten heftigen Ärgers geht Neumann wieder ans Planen; die Kirche soll, wie er seinem Fürstbischof versichert, trotz allem noch „ein vollkommenes Werk" werden; er macht ein neues Modell – jenes, das sich bis heute in Bamberg erhalten hat; so wird nun auch 1744 weitergebaut.

Ein genialer Einfall und eine Portion Kühnheit helfen dem großen Baumeister, um nach dem verpfuschten Anfang sogar diese Wallfahrtskirche als ein architektonisches Weltwunder zu vollenden. Er geht von dem bereits Geschehenen aus, denn es steht schon zuviel Mauerwerk, als daß man alles wieder wegreißen könnte, und bekennt sich dazu: das ideelle und kultische Zentrum des Raumes, der Gnadenaltar, soll auch nun wieder, trotzdem, aus neuer Idee tatsächlicher Mittelpunkt der Kirche werden. Das in Gaibach im kleinen vorgeführte Gegeneinander von Grundriß und Gewölbe feiert hier seinen großen Triumph: die Vierung, im Mauerwerk schon begonnen, bleibt grundrißmäßig erhalten, wird aber durch das neue große, von flacher Kuppel gewölbte Langhaus völlig verneint. In das konventionell basilikale Gehäuse mit geschrägten Chor- und Querhausarmen ist wohl das kühnste Raumgebilde hineingestellt, das die abendländische Architektur kennt: ein großes Längsoval zwischen

Wallfahrtskirche Vierzehnheiligen, Inneres mit Gnadenaltar von J. J. M. Küchel

zwei kleinen Längsovalen, an deren Zusammenstoß sich einmal das ursprüngliche Querhaus in der Restgestalt zweier von Kreiskuppeln überdeckter Nebenräume und nach Westen hin eine noch merkwürdigere rudimentäre Querhausbildung schieben. Im Mittelpunkt der Vierung, dem klassischen Zentrum des Kuppelbaues und jeder kreuzförmigen Basilika, die man nach dem äußeren Bild hier auch erwartet, begegnen sich jetzt nur die in sphärischer Kurvenbahn aufeinander zuschießenden und wieder fliehenden Gurten der Hauptgewölbe, die Vierung als Mitte völlig entwertend, das Raumgefüge als Ganzes in verschleifenden Kurven und durchbrochenen Wänden verschmelzend. Vierzehnheiligen bedeutet einen Endpunkt in der sakralen Raumkunst. Es ist jenseits aller kultischen und architektonischen Tradition das Äußerste erreicht, was mit den Elementen der klassischen Baukunst noch zu erreichen war, wenn man auf völlige Auflösung der Wände und Vergeistigung des Raumes hinauswollte.

Bei Neumanns Tode 1753 war der Bau noch nicht vollendet, der Siebenjährige Krieg hindert die Vollendung des Rohbaus, der 1763 gewölbt wird. Stuckierung und Malerei dauern noch durch das Jahrzehnt an, erst 1772 konnte die Weihe gefeiert werden.

Die Ausstattung des Inneren entspricht in ihrem Reichtum dem Werk Neumanns. Der geschliffene Stuckmarmor an Säulen und Wänden verbreitet den farbigen Glanz großer Pracht, und die spritzigen Stuckornamente der Feichtmayer bringen, wie die Fresken Appianis, den Ton unbeschwerter Heiterkeit in dieses volkstümliche Gotteshaus. Unter dem großen Mittelgewölbe erhebt sich, mitten in der Kirche freistehend, das Wunderwerk des Gnadenaltars, entworfen von Küchel, dem nach Neumanns Tode auch die Vollendung des Bauwerks zufiel. Er hat sich hier als kongenialer Mitarbeiter erwiesen, der durch dieses wahrhaft grandiose Schaustück den Mittelpunkt schuf, um dessentwillen Neumanns Raum gebaut wurde.

Die Doppelturmfront der Wallfahrtskirche zu den 14 Nothelfern leuchtet im strahlenden Gelb des fränkischen Sandsteins über das Maintal; sie ist in ihrer zierlichen Leichtigkeit ein Vorbote des festlichen Raumes. Diese Wallfahrtskirche ist in besonderem Maße ein Wahrzeichen des ganzen Frankenlandes geworden; mit der gegenüber imposant aufragenden Abtei Banz, dem Werk Leonhard und Johann Dienzenhofers, bildet sie den festlichen Eingang in die „stromdurchglänzte Au“.

Im Zenith

Hatte die Regierungszeit Schönborns Neumann mit größten Aufträgen bedacht, ihm weitreichenden Ruhm und eine ehrenvolle Stellung verschafft, so brachte der Tod Friedrich Karls 1746 einen jähen Wechsel mit sich. Zweifellos hatte dieser Fürstbischof Friedrich Karl, inzwischen ein Siebziger geworden, noch vieles vor, was Neumann und seiner Künstlerschar Arbeit und Geld gebracht hätte – mehr wohl noch als die völlige Ausstattung der Residenz; jedenfalls erließ er noch wenige Wochen vor seinem plötzlichen Tode einen Aufruf, den er in deutschen, französischen und holländischen Zeitungen drucken ließ, mit der Aufforderung an Künstler, Handelsleute, Fabrikanten und Handwerker, sich im Fürstentum Franken häuslich niederzulassen, wobei ihnen Steuernachlaß und andere Vergünstigungen zugesagt werden. Wieder war es ein erklärter Gegner des Hauses Schönborn, der mit Graf Anselm Franz von Ingelheim zum Bischof gewählt wurde. So mußte Hofkanzler Fichtel und wer sonst mit dem Verstorbenen durch gemeinsame Arbeit eng verbunden war, sein Amt verlassen. Die Ausstattungsarbeiten an der Residenz wurden eingestellt, Künstler wanderten ab, Neumann wurde seiner Stellung als Baudirektor in Würzburg enthoben und auf die einfache Offiziersbesoldung gesetzt. Mit dem Aufhören der Personalunion durch den Todesfall gingen ihm zunächst auch Arbeit und Einkünfte im Hochstift Bamberg verloren. Ingelheim äußerte mißtrauisch verärgert, er wisse sehr wohl, daß der Oberst Neumann gern baue und viele Kosten dabei verursache, und gab ihn zugunsten unfähiger Günstlinge auf.

So schien eine freudlose Zeit anzubrechen. Es geschah obendrein, daß der neue Bischof bald nach der Wahl an einem unheilbaren Leiden erkrankte, das ihn in die Hände von Abenteurern und Kurpfuschern trieb. Diese Scharlatane wußten durch ihre Versprechungen auf lebensverlängernde Elixiere bald alles Vertrauen des Regenten und damit die ganze Macht an sich zu reißen. Neumann aber war schon zu groß und berühmt geworden, als daß dieser Haß und die maßlose Mißgunst der neuen Nichtskönner in Würzburg, der er nun ausgesetzt war, ihn hätte ernstlich treffen können. Wenn auch die preußisch-österreichischen Kriege die Ausführung seiner Entwürfe zur Wiener Hofburg verhinderten, so bewies doch das eben jetzt eintreffende Schreiben und das Geschenk der Kaiserin, daß Neumann gewichtige Freunde hatte. Er konnte es sogar wagen, sich wegen einer Stiftspfründe am Neumünster für seinen ältesten Sohn, den späteren Architekten, an Kaiser Franz Stephan zu wenden; ein jüngerer Sohn brachte es bis zum Dechanten dieses Stiftes.

Vor allem war es Kurfürst Franz Georg Schönborn von Trier, dem Neumann in gefahrvollen Jahren wertvolle Dienste geleistet hatte, der sich des Meisters mit einer Fülle von Aufträgen annahm. Kardinal Hutten rief ihn weiterhin für sein Bruchsaler Bauwesen; mit dem neuen Bamberger Bischof Franckenstein war er in bestem Verhältnis, das Würzburger Domkapitel ernannte ihn eben jetzt zum Kapitelsbaumeister und drückte damit seine Sympathie geradezu demonstrativ aus. 1747 erreichte ihn der große Auftrag für die schwäbische Reichsabtei Neresheim, es kamen dann die Planungen für die Schlösser in Stuttgart und Karlsruhe – Neumann war über Würzburg und Franken hinausgewachsen. Während üble Neider ihn bei Hofe in ein Verfahren wegen schuldhafter Fehler am Bau des Mainwehres verwickeln wollten, konnte er sich glänzend rechtfertigen und konnte es sich erlauben, nach der Reparatur im leeren Teil des Wehres noch einen Ball abzuhalten, bevor am nächsten Tage das Wasser eingelassen wurde. Schon begann wieder einzustürzen, was Ingelheims unfähiger Baudirektor Schenkel armselig errichtet hatte, schon flog die Alte Kammer neben der Residenz beim Experimentieren der Alchimisten in die Luft, gerade sollte der Hofschlosser Oegg entlassen werden – da fand man eines Morgens den Fürstbischof tot im Bette auf.

Wie ein Spuk ist dieses Intermezzo Ingelheim 1749 verflogen; die Scharlatane wurden festgesetzt, ihre Labors versiegelt. Aus der Wahl ging Karl Philipp von Greiffenclau als Fürstbischof hervor, ein Neffe des ersten Greiffenclau, unter dem Neumann in Würzburg begonnen hatte. Der greise Fichtel wurde wieder in das Hofkanzleramt berufen, Neumann wieder in seine alten Ämter und Bezüge eingesetzt mit dem Rechte, jederzeit unmittelbaren Zutritt zum Fürstbischof zu fordern. Er hatte in diesen Jahren nach Schönborns Tode Wesentliches zu sagen, die Vollendung seines Weges stand bevor, Pläne und Bauten wuchsen, auf die das Wort Goethes paßt: „dem schwachen Geschmäckler wird immer schwindeln an seinem Koloß, und ganze Seelen werden ihn erkennen ohne Deuter."

Neumann nähert sich der Mitte der Sechzig, und er benützt nun selbst zur Kur die Kissinger Quellen, von denen er ja eine, den Rokoczysprudel, zusammen mit dem dortigen Apotheker Boxberger, selbst gefunden hatte. Seine Arbeitskraft aber bleibt ungebrochen. Er muß mit Freude das Heranwachsen des Sohnes Franz Ignaz beobachtet haben, der 1751 mit achtzehn Jahren schon soweit war, daß er einen technisch und zeichnerisch vollendeten Plan eines Pumpwerkes, „als erstes Probstück seiner Kunst in Mechanicis" fertigte und stolz signierte. Zweifellos spielte der Sohn seither eine gewichtige Rolle als Mitarbeiter im Büro seines Vaters.

*

Die erzwungene dienstliche Untätigkeit in Würzburg gab Neumann nach 1746 Zeit genug, um an größte Projekte zu gehen. Er hatte 1745, als Großherzog Franz Stephan vor seiner Kaiserkrönung von ihm durch das Schloß geleitet wurde, dessen Lob über die „Propreté" und „Magnificence" seiner Schöpfung entgegennehmen können, und auch Maria Theresia hatte sich gewiß dem Eindruck des Treppenhauses beim feierlichen Empfang und angesichts der Pracht der Paradezimmer, in denen sie nächtigte, nicht entziehen können. Neumann war dabei mit der kaiserlichen Begleitung bekannt geworden, insbesondere mit dem damaligen Vorstand des Wiener Hofbauwesens, dem Herzog von

G. B. Tiepolo, Oberst Balthasar Neumann, Portraitskizze für das Deckenfresko im Treppenhaus der Würzburger Residenz, 1752/53. Kunstbibliothek, Berlin

Silva-Tarouca, Präsidenten der niederländischen Hofkanzlei, einem vertrauten Berater der Kaiserin. Neumann schickte ihm später, wie man wohl verabredet hatte, die Würzburger Schloßpläne und dann 1747 seine Entwürfe für einen Neubau der Wiener Hofburg, für die 1745 des Kaisers lothringischer Baumeister Jadot schon Entwürfe liefern mußte. Er erbietet sich auch, falls die Kaiserin es wünscht, nach Wien zu kommen. Der Herzog ist offen genug zu bekennen, wie sehr er Neumanns Kenntnisse, Erfahrung und Geschick in Würzburg bewundert habe, die in Wien am richtigen Platz wären, muß ihm aber eröffnen, daß die Kriegszeiten alle Baupläne stocken ließen. So schickt er im Auftrag der Majestäten eine wertvolle goldene Tabatière zum Dank für die Entwürfe.

Neumann wäre, von Ingelheim entlassen, damals gewiß bereit gewesen, als kaiserlicher Architekt nach Wien zu gehen, und hat sich dazu auch offensichtlich erboten. Blieb ihm dieser Triumph schließlich versagt, so haben seine in Franken begonnenen Werke doch den Nutzen davon gehabt. Immerhin hatte sich ihm Gelegenheit geboten, noch einmal im größten Maßstabe zu planen. Drei in ihren Dimensionen sich unterscheidende Plangruppen sind für die Wiener Hofburg entstanden, und da Neumann 1749 eine Reise nach Wien vorhat, hat man sich am Hofe doch wohl länger damit beschäftigt. Neumann wird es empfunden haben, welche Ehre allein in dem Auftrag lag, daß er, der entlassene Würzburger Baudirektor, nun dem Reichsoberhaupt eine neue Residenz entwerfen durfte, eine neue Hofburg für Wien, wo er vor dreißig Jahren zum ersten Male als Lernender geweilt hatte.

Nur die Grundrisse und einige Schnitte haben sich von Neumanns Wiener Plänen erhalten, aber sie genügen, um über das, was den Meister gewiß besonders interessierte, über das Treppenhaus, Auskunft zu geben. Hier entpuppt sich ein wirklicher „Babelgedanken" und drängt hemmungslos zur Wirklichkeit; der Riesenbau der Treppe ist der Kern des ganzen Schlosses geworden. Neumann stellt bei zwei Projekten ein gewaltiges Treppenhaus in den viereckigen Hof des Mittelbaues, eingespannt zwischen zwei Festsäle. Hier läßt er nun seiner Phantasie die Zügel schießen und erfindet dabei eine wahrhaft kaiserliche Treppe: eine verdoppelte Würzburger Stiege mit dem Unterschiede, daß sie unten mit zwei Läufen beginnt, mit einem Laufe weiterführt und auf halber Höhe der gleichen Anlage wie einem Spiegelbild begegnet, so daß insgesamt vier frei im Raume stehende Treppenläufe mit je drei Podesten emporsteigen, um von einem erhöhten Umkehrpodest aus mit zwei Zwischenpodesten weiterzusteigen. Ein säulengetragener Umgang schließt die auf zwei Seiten von großen Fenstern erleuchtete Halle. Sie hätte mit etwa 25 000 cbm Rauminhalt allein schon ihresgleichen gesucht, ganz

Wien, Kaiserliche Hofburg, Entwurf für den Mittelbau mit Treppenhaus, Querschnitt, 1746/47. Kunstbibliothek, Berlin

zu schweigen von der jeder Beschreibung sich entziehenden überwältigenden Fülle architektonischer Eindrücke und perspektivischer Effekte dieser im wörtlichen Sinne phantastischen Treppe mit ihren sechs Läufen. Innerhalb der drei Planungsgruppen zur Hofburg waren auch Entwürfe für eine Hofkirche entstanden, die Neumanns Raumphantasie offensichtlich ebenso gewaltig angeregt hatte.

Fast gleichzeitig arbeitet Neumann an Plänen für das neue Schloß in Stuttgart. Hier lagen schon Entwürfe Leopoldo Rettis vor, als Neumann im Winter 1747, wohl nach einem Besuche dort, sein Projekt einreicht, dem U1749 und 1750 noch weitere folgen. Sie waren in ihren Dimensionen so gewaltig, noch über das weitläufige Ludwigsburg hinausgehend, daß sie schon dadurch keine Aussicht auf Ausführung haben konnten. Neben den Fassaden interessiert auch hier vor allem wieder das Treppenhaus, das als eigener Flügelbau mit sechs Fensterachsen Tiefe an die Gartenfront gerückt ist und in seinem Innern die freistehende dreiläufige Treppe vom Wiener Typ birgt. Der reich stuckierte Raum hätte auf drei Seiten aus fünfundvierzig großen und kleineren Fenstern eine verschwenderische Fülle von Licht erhalten.

1749 schickt man Neumann die Pläne Leopoldo Rettis zum Karlsruher Schloßbau, und in den beiden nächsten Jahren tritt er selbst mit Entwürfen auf. Sie nehmen in ihrem Grundriß Rücksicht auf den sternförmigen Stadtgrundriß, gehen aber auch von solch gewaltigen Dimensionen aus, daß an eine Verwirklichung nicht zu denken war. Neumanns letztes, kleinstes Projekt wurde, umgewandelt, zur Grundlage des neuen Schloßbaues bestimmt.

Über Mannheim, wo Neumann schon öfters auf der Durchreise Halt gemacht hatte, um als Gutachter tätig zu sein, und wo er offenbar mit einem kurpfälzischen Minister befreundet war, kommt der Auftrag für Pläne zum Neubau des kurpfälzischen Schlosses in Schwetzingen. Sie haben sich nicht erhalten, sind aber doch in einer großen Vogelschauansicht von anderer Hand verarbeitet worden und verraten in dieser Fassung noch die Eigenart des Würzburger Meisters, der übrigens zu dem dortigen Baumeister Rabaliatti fast im Verhältnis eines Lehrers stand.

Kurfürst Franz Georg Schönborn in Trier gab Neumann 1748 den Auftrag für ein Sommerschloß rheinaufwärts gegenüber von Ehrenbreitstein, das später den Namen Schönbornslust erhielt. Der Künstler hat hier offenbar eine besonders glückliche Hand in der Gestaltung der Fassade gehabt, denn die Fronten, deren eine wir allein noch aus einer summarischen Zeichnung kannten und die wir neuerdings in einigen bisher unbeachtet gebliebenen Plan-Aufrissen wiedererkennen, verrät jene Heiterkeit und Eleganz der Proportionen und der Gliederung, wie sie zuvor nur in Werneck zu finden gewesen war, übertragen in die Formenwelt der Jahrhundertmitte. Es wurde ein von Seitz mit großem

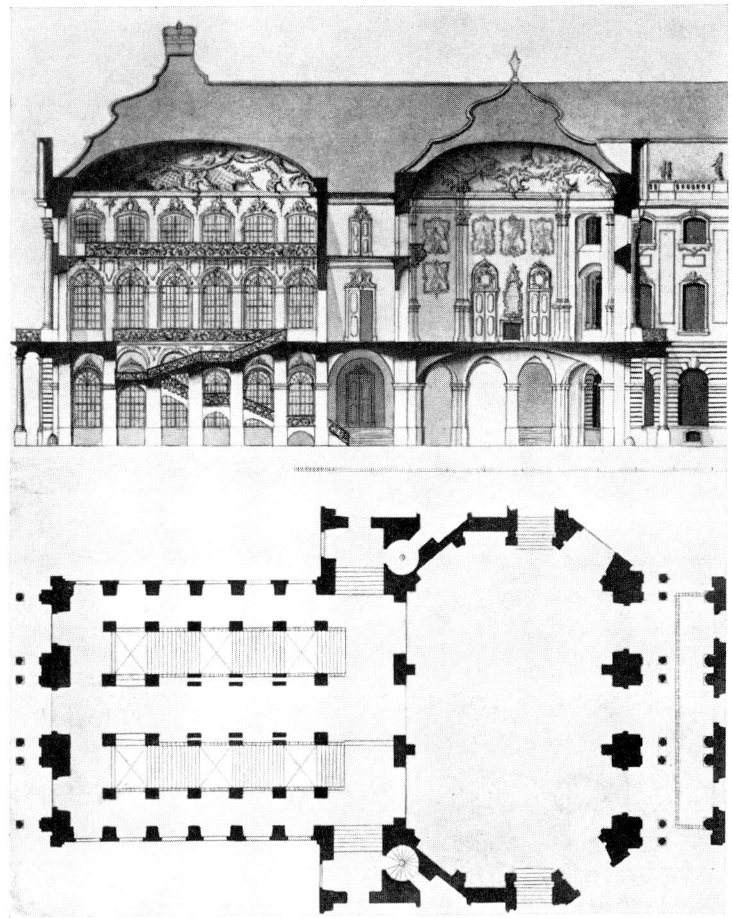

Schloß Stuttgart, Entwurf für den Mittelbau mit Treppenhaus, Ausschnitt, 1747. Bibliothek der Technischen Hochschule, Stuttgart

Aufwand geführter Bau, den Neumann jährlich wenigstens einmal inspizierte; Januarius Zick und Ferdinand Tietz schmückten später Schloß und Park. Wenn man dieses späte Werk Neumanns in seinen Größenverhältnissen auch gelegentlich überschätzt hat, so gehörte es an künstlerischer Bedeutung zweifellos zu seinen besten Schöpfungen; um so bedauerlicher, daß es schon zu Ende des 18. Jahrhunderts den französischen Revolutionstruppen zum Opfer fiel.

In Ellwangen griff Neumann auf Kurfürst Franz Georg Schönborns Wunsch, der dort Fürstpropst des Stiftes war, im Jahre 1747 in die Planung des Baumeisters Prahl für das neue Rathaus ein. Er setzte sich indes mit seinem Vorschlag, aus städtebaulichen Gründen den Platz des abgebrochenen Rathauses vor der Stiftskirche frei zu lassen und den Neubau gegen Osten vor das Querhaus der Stiftskirche zu setzen, trotz Zustimmung Schönborns, gegenüber dem Kapitel nicht durch. Auch für das Seminar hinter der Schönenbergkirche und für die Umgestaltung des Schlosses wurde er bemüht. Es liegt in der Natur der Sache, daß diese Tätigkeit Neumanns, dieses Ausstreuen guter Ideen an unzähligen Orten, nur selten greifbar ist.

Ein Fall von großartiger Baukomposition ist aus Neumanns letzten Jahren noch bekannt: die vorderen Flügelbauten der Abtei Banz. Hier, auf der Höhe des Banzberges, schuf Neumann den stolzen Rahmen für Kirche und Kloster der beiden Dienzenhofer, nachdem Küchel schon durch die Freitreppe und den Mittelrisalit im Hofe einen starken Akzent gesetzt hatte. Neumann legte einen rechteckigen, ansteigenden Hof vor die Freitreppe und rahmte ihn durch drei Flügelbauten, die an den westlichen Ecken durch zweigeschossige Pavillons betont sind, während der Westflügel bei der

Schloß Schönbornslust bei Koblenz (zerstört 1796), Kreidezeichnung 1787. Mittelrhein. Museum, Koblenz

Einfahrt in der Höhe reduziert wird, und sich zu einem Torbogen öffnet. Hierdurch entsteht für den Blick von Westen, also bei der Auffahrt, ein Akkord von festlichem Jubelklang, aus dem das hohe Turmpaar leuchtend herausklingt. Neumann hat dadurch, daß er sich auch unterordnen konnte, dem Juwel von Dienzenhofer erst Fassung und Glanz gegeben.

Eine in gewissem Sinne denkmalpflegerische Arbeit waren auch Neumanns Gutachten und Plan zum Wiederaufbau des Speyerer Domes; schon 1738 war er dort gewesen, als man daran dachte, den von den Franzosen 1689 geschändeten und teilweise zerstörten Kaiserdom wiederaufzubauen und Kaiser Karl VI. die Herrschergräber öffnen ließ. 1751 verfaßte er neue Pläne auf Wunsch des Kurfürsten Franz Georg Schönborn, der Domdechant von Speyer war. Neumann schätzte, daß 100000 fl. erforderlich wären, eine Summe, die trotz Schönborns Angebot zur Beisteuer nicht aufzubringen war. Der Kurfürst hat 1754 noch mit Neumanns Sohn wegen dieser Pläne korrespondiert, der dann auch das große Werk 1772 nach neuen Plänen vollbrachte.

Zur gleichen Zeit wie das Speyrer Domprojekt entstanden Neumanns Entwürfe für die Seesbrücke in Bamberg, ein vielbewundertes technisches Meisterstück, das dennoch 1784 einem Hochwasser, freilich dem größten seit Jahrhunderten, zum Opfer fiel.

In Würzburg konzentrierten sich zu jener Zeit Aufmerksamkeit und Geldmittel auf die Ausstattung der Residenz, und Tiepolos fürstliche Besoldung spielt darin keine geringe Rolle. So bleibt die Ausgestaltung des Platzes vor dem Schloß noch liegen, für die Neumann schon manchen Entwurf gemacht hatte. Erst sein Schüler Geigel gab ihm seine heutige noble Gestalt, indem er den Gesandtenbau als Gegenstück zu Petrinis altem Rosenbachhof errichtete und die festlichen Arkadenreihen mit den effektvollen Ecksäulen anschloß.

Dafür hat Neumann sich noch in Veitshöchheim einer reizvollen Aufgabe zu entledigen: das kleine Sommerhaus, das Bischof Dernbach 1682 gebaut hatte, soll vergrößert werden. Neumann erweitert den alten Bau durch zwei zweigeschossige Pavillons an den Schmalseiten. In ihrer zurückhaltenden Schlichtheit unter den leichten Mansarddächern passen sich diese Pavillons dem lustigen Frühbarock des Schlößchens trefflich an. Im Innern weiß Neumann mit geringen Mitteln und guten Ideen ein liebenswürdiges Treppenhaus einzubauen. So ist das Quartier geschaffen, von dem aus der nächste Bischof Seinsheim, ein Neffe Schönborns, seine großen Aufträge an Ferdinand Tietz und Peter Wagner für den Figurenschmuck des Parks erteilen kann.

*

Neumann ist eben sechzig Jahre alt, als er 1747 die Pläne zu einer Kirche entwirft, die zu den volkstümlichsten Schöpfungen des Rokoko gehört und einer heute wie einst im ganzen Frankenlande beliebten Wallfahrt dient: die Marienkirche auf dem Nikolausberg über Würzburg, im Volksmunde

Entwurf für Schloß Schönbornslust bei Koblenz, Fassade, 1748.
Württembergische Landesbibliothek, Stuttgart

seit alters das „Käppele" genannt. Es ist vor allem dem Eifer des Kapellenpflegers, des Hofwagnermeisters Köstner zu danken, daß ein neues Käppele erstehen konnte. Köstner gab als echter, von Baulust und Frömmigkeit beseelter Würzburger Bürger der Schönbornzeit sogar seinen Hausbesitz, ein Neumann-Haus, zum Pfand für den Kirchenbau.

Es sind die in den Landkirchen seit Heusenstamm, Gaibach und Etwashausen angeschlagenen Themen, die hier harmonisch zusammenklingen: ein Zentralbau mit kuppelüberwölbtem quadratischem Mittelbau und abgeschrägten Ecken, vor die jeweils ein Paar Doppelsäulen gestellt sind, auf zwei Seiten erweitert durch im flachen Bogen ausschwingende Kapellen, deren östliche durch die anschließende alte Kapelle verlängert wird, und durch einen ähnlichen Chor, dem die reichgeschwungene Orgelempore antwortet. Die unbeschreibliche Eleganz dieser zierlichen Architektur wird gesteigert durch eine prächtige Ausstattung erster Hände. Matthäus Günther, der weitgereiste Augsburger Freskomaler, füllte die Gewölbe mit der noblen Kühle lichter Farben, die vor allem der Verherrlichung Mariens dienen, und Joh. Michael Feichtmayer ließ seine wildbewegten Stuckornamente gleich Rankenwerk und tropfendem Wachs sich ausbreiten. Man holte diese beiden, die eben in Amorbach zusammengearbeitet hatten, weil die heimischen Künstler an der Residenz voll beschäftigt waren.

Ein Meisterwerk Neumannscher Fassadenkunst ist die Doppelturmfront dieser kleinen Wallfahrtskirche; die beiden achteckigen, von stark geschnürten Hauben bekrönten Türme verleihen dem Ganzen einen Zug lebensfroher Heiterkeit. So blüht dieses Kleinod des Meisters, auf der Anhöhe nächst der Stadt und gegenüber der gewaltigen Festung, gleich einer Wunderblume des fränkischen Rokoko, zwischen den Weinbergen des Maintales. Wenig später hat man der Kirche durch die Anlage des Kreuzweges, den Neumann schon geplant hatte, und mit Peter Wagners Figurenschmuck den bezaubernden Rahmen volkstümlicher Frömmigkeit gegeben.

Im gleichen Jahre 1747, da Neumann wohl seiner Schloßpläne wegen in Stuttgart war, erreichte ihn auch ein Kirchenauftrag aus dem Schwäbischen, wohin er nun durch die Ellwanger Beratungen noch engeren Kontakt bekam. Abt Aurelius von Neresheim übertrug ihm die Planung der neuen Kirche für dieses Benediktinerkloster, wobei ihm die Schwarzacher Ordenskirche Neumanns als Vorbild diente; Neumann, der damals freilich ganz andere Ideen hatte, machte ihm 1748 klar, daß nicht „just eine Kirche wie die andere herauskommen" müsse. Seine Pläne reiften in verschiedenen Stufen zur Vollendung, während die ersten Arbeiten schon anliefen. 1749, im Geburtsjahr Goethes, entstand der Ausführungsentwurf. Neumann hatte den Bau nicht selbst vollenden können, und es gab durch Jahre viel Verdruß; zwei Jahre nach seinem Tode resigniert auch der Bauherr, Abt Aurelius Braisch, und tritt zurück. Erst 1767 wird die Fassade vollendet, 1770–75 malt Martin Knoller aus Tirol seine großartigen Fresken, dann wird stuckiert, und 1777 folgt die vorläufige Weihe, 1792 die endgültige Weihe, 45 Jahre nach dem Baubeginn, zehn Jahre vor der Aufhebung des Klosters! (Erst 1920 kehrten Mönche wieder nach Neresheim zurück.)

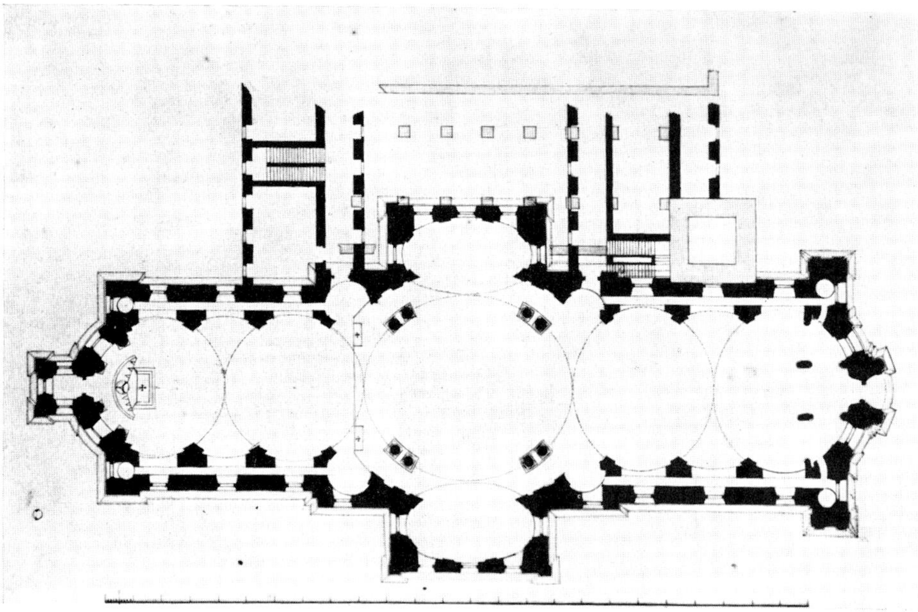

Benediktiner-Abteikirche Neresheim, Ausführungspläne, Grundriß, 1749.
Mainfränkisches Museum, Würzburg

Schon die Maße sind mit 83 m von kathedraler Großartigkeit. Der ausgeführte Grundriß ist kreuzförmig mit einer Folge von vier querovalen kuppelgewölbten Teilräumen; dazwischen schiebt sich mitten hinein wie ein Rundtempel die von vier Freisäulenpaaren flankierte leicht elliptische Vierung mit zwei ebenso gewölbten Nebenarmen. Diese über 20 m im Durchmesser sich dehnende Vierung ist mit ihrer feierlichen Säuleneskorte das wirkliche Zentrum des Raumes, ein Motiv, das im grandiosen Forte dominiert und die Komposition beherrscht. Die Wände lösen sich durch die Abseiten völlig auf, die zu schmalen, umlaufenden Gängen verkleinert, Langhaus und Chor begleiten. Über dem Sockelgeschoß mit seinem königlichen Höhenmaß von 4 m finden sich Emporen zwischen gekuppelten, schräggestellten Pilastern. Es ist Neumann hier gelungen, die hauptsächlichsten Systeme von Basilika, Wandpfeiler- und Freistützenanlagen ganz mühelos zu einem jeder Klassifizierung spottenden Raumwunder voll souveräner Motive zu verflechten.

Der Gesamteindruck ist architektonisch ruhiger als in Vierzehnheiligen, die Kuppeln berühren sich nur mehr, ohne sich anzuschneiden, das Ringen zwischen Grund und Gewölbe ist einer vollen Harmonie gewichen, die nun freilich alles andere als stille Langeweile bietet. Den Raum verklärt der „schwebende Reigentanz der Linien", und man muß hinzufügen, daß die Kuppeln viel flacher ausgeführt wurden, als Neumann sie haben wollte, um noch die eigentlichen Absichten des Künstlers zu begreifen. Auch der reiche Dekor an Gliederungen und Stuckornamenten, den Neumann sich gedacht hatte, unterblieb, als das Gotteshaus erst lange Jahre nach seinem Tode vollendet wurde. Man getraute sich nicht mehr, seine Gewölbe massiv in Stein zu bauen, und begnügte sich mit Scheinkuppeln – ein Verzagen, das den Meister wohl am allermeisten gekränkt hätte. Ihm, dem geborenen Ingenieur und Statiker, wäre das kein Problem gewesen; er wußte durch reichliche Verwendung in das Mauerwerk eingelegter Eisenbänder und Schlaudern Materialeffekte zu erzielen, die eigentlich erst viel später der Eisen-Betonbau ermöglichte. Die gefährlichen Bauschäden, die in den sechziger Jahren unseres Jahrhunderts auftraten, waren nicht Neumanns Schuld, sondern modernen Ursprungs; sie sind beseitigt, und die ganze Kirche ist nach gründlicher Restaurierung in vollem Glanze der Vollendungszeit wiedererstanden.

Das Erlebnis der Neresheimer Kirche wirkt, jenseits allen Wissens, erschütternd durch die herrliche Raumfolge und ihre grandiose Dominante. Neumann hat hier nicht nur sein eigenes Schaffen gekrönt,

Neresheim, Benediktinerabtei-Kirche, Inneres nach Osten

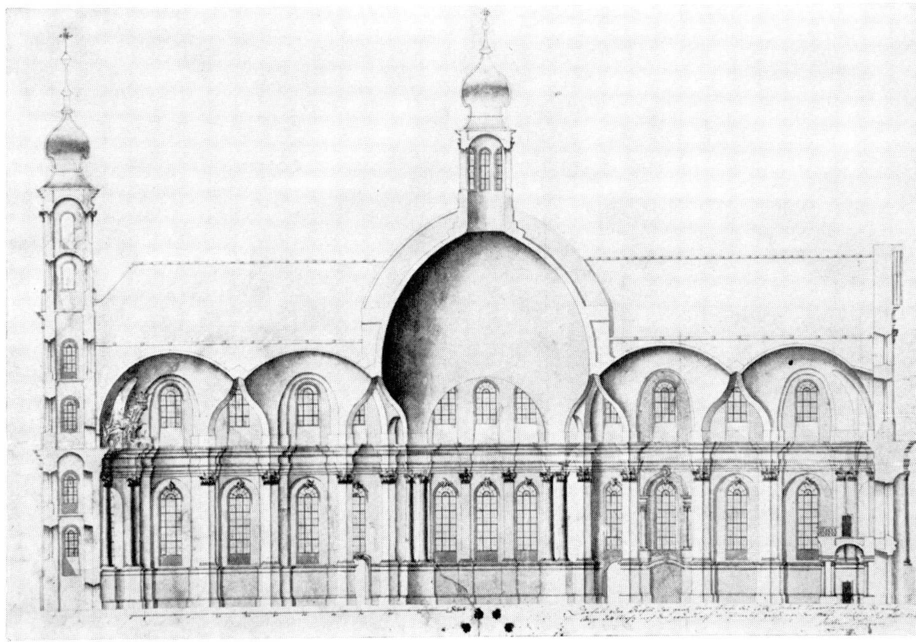

Benediktiner-Abteikirche Neresheim, Ausführungspläne, Längsschnitt, 1749.
Mainfränkisches Museum, Würzburg

sondern als Wortführer einer ganzen Epoche deren Wollen und Sehnen erfüllt. Alle seine früheren Werke führen, auf geraden oder verschlungenen Wegen, zu diesem überragenden Gipfel, der zugleich das Lebenswerk seiner großen Zeitgenossen in ihren gleichgerichteten Zielen erhöht: Fischers Klosterkirche Ottobeuren und Zimmermanns Wallfahrtskirche in der Wiees sind die großartigen Gefährten des Titanen.

Neumann hat hier seinen Sinn für das Feierliche und Grandiose in der Baukunst wohl am schönsten offenbart. Das ist wirkliche Architektur, was in Neresheim sich auftürmt, eine gültige Aussage barocker Baukunst und verklärt von jener edlen Größe, die über die Jahrhunderte hinweg das Maß zeitloser Meisterwerke ist. Es ist ein Hauch vom Morgenglanz der Ewigkeit, den der Künstler hier einfangen und der Welt schenken durfte, kurz bevor er selbst das Tor dorthin durchschritt. Neumann war es beschieden, über jene unvergleichlichen Schöpfungen süddeutscher Meister hinaus, die ihren festen Platz in der Geschichte einer europäischen Kunst haben, ein Werk zu ersinnen, das schon jenseits solcher Maßstäbe lebt. Wenn je, so mag hier, von Balthasar Neumann und seinem letzten größten Werk ein stolzes, sonst fast zu stolzes Schillerwort gelten, das nicht vom Reich der Macht, sondern von einem Reiche der Musen spricht: „Jedes Volk hat seinen Tag in der Geschichte, der Tag des Deutschen aber ist die Ernte der ganzen Zeit."

✳

Während der Rohbau Vierzehnheiligens im Gange war und während das gewaltige Gotteshaus zu Neresheim emporwuchs, reiste Neumann im Jahre 1753 wieder an den Rhein, entwarf neue Baupläne für den Kurfürsten von Trier und reiste nach Bruchsal, um die Ausstattung seiner Festsäle im Schlosse zu beaufsichtigen. Es entstanden noch Landkirchen im Würzburgischen, so die geistreiche Marienwallfahrtskirche bei Limbach am Main, eine tonnengewölbte Halle mit umlaufenden Emporen und Chorturm, und das schlichte Gotteshaus zu Ingolstadt bei Ochsenfurt. Neumann mußte, wie alljährlich, wieder ins Bambergische reisen; er visitierte, jetzt begleitet von seiner Familie und einem Schüler, zweimal den Kirchenbau in Limbach und seine Glashütte in Schleichach. Es entstand noch ein

Wallfahrtskirche Maria-Limbach, Längsschnitt als Stichvorlage, 1753.
Mainfränkisches Museum, Würzburg, 1945 verbrannt

Entwurf für die Orangerie im Würzburger Hofgarten. Dann wurde es im Juli 1753 still in der Franziskanergasse, der „Herr Obrist" ist auf keiner Baustelle und über keinem Plan mehr zu finden, denn ein bösartiges Leiden hatte ihn befallen und niedergeworfen.

Am 19. August 1753 früh gegen sieben Uhr ging Balthasar Neumann aus dieser Welt. Seine Witwe mochte etwas Trost darin finden, daß der Prälat von Neresheim ihr in seinem Beileidschreiben gestand, daß mit diesem Todesfall auch für ihn die Hauptsäule seines Kirchengebäudes gestürzt sei. Würzburg trauerte um einen großen Künstler, man trauerte aber auch um einen Bürger, der wegen seines Lebenswandels und seines leutseligen Wesens von jedermann geliebt und geehrt wurde.

Am 22. August trug man Balthasar Neumann mit allen dem Kreisoberst zustehenden militärischen Ehren zu Grabe. Schwarz verhüllte Pferde zogen die von Artillerie eskortierte Trauerlafette zur Marienkapelle auf dem Markt, vor der ein ganzes Bataillon angetreten war, während sich in den Häusern und Gassen alles drängte, den feierlichen Kondukt zu sehen. Als der Sarg in die Gruft gesenkt wurde, gab das Bataillon Feuer, und von der Festung Marienburg herab dröhnte der Trauersalut über Stadt und Land.

*

Franz Ignaz Neumann war eben zwanzig Jahre alt, als sein Vater starb. Er war selbstbewußt genug, um sich gleichzeitig mit Johann Michael Fischer – dem Meister von Ottobeuren – dem Abt von Neresheim, freilich erfolglos, für die Vollendung der begonnenen Klosterkirche anzubieten, und hatte gewiß insoweit recht, wenn er sich als besten Kenner der väterlichen Pläne und Ideen ansah; das verrät sein 1755 gezeichneter Konstruktionsplan. Der jüngere Neumann wurde, nach weiten Reisen und akademischer Schulung in Paris, wie sein Vater Ingenieur, Architekt und Offizier und arbeitete in Würzburg neben den anderen Schülern des Vaters als eines verdienten Mannes Sohn. Seine Zeit hatte keine großen Aufträge mehr zu vergeben, wie sie dem Vater einst zugefallen waren, aber er hat mit

Das Wappen Balthasar Neumanns, ein Halbmond, im Schlußstein über dem Hauptportal der Wallfahrtskirche Maria-Limbach, 1753

einem kleinen technischen Baudenkmal wie dem Kranen am Mainufer und manchem Haus doch der Stadt Würzburg ein liebenswertes Geschenk hinterlassen. Ihm war es dann vergönnt, mit dem neuen Vierungsturm des Mainzer Domes ein bedeutendes Werk schöpferischer Restauration zu schaffen. Franz Ignaz Neumann hat damit der ehrwürdigen Metropole am Rhein ihr heute noch weithin sichtbares Wahrzeichen gegeben. Ihm fiel auch zu, worum sich sein Vater schon planend bemüht hatte: die Wiederherstellung des Speyerer Domes; diese geistreiche Restauration wurde leider im 19. Jahrhundert beseitigt.

Balthasar Neumanns Nachlaß kam 1785, beim Tode dieses Sohnes, in die Hände eines weiteren Sohnes, Valentin Franz, der 1803 als letzter Dechant des Neumünsterstiftes starb. 1804 wurde die gewaltige Plansammlung der beiden Baumeister versteigert. Ihre bescheidenen Reste befinden sich, im letzten Krieg leider stark dezimiert, heute noch in Würzburg und Berlin; andere Pläne finden sich noch verstreut in den Archiven seiner Bauherren von nah und fern, vor allem aber eine Fülle von Korrespondenz und Berichten; sie sind, abgesehen von den erhaltenen Bauten, die Hauptquellen für unsere Kenntnis vom Wirken des großen Meisters. Das wichtigste Denkmal seines Wirkens ist die Würzburger Residenz, diese Frucht des Bauwurms in kunstbegeisterten Herzen, die mit der Fülle der Aufgaben selbst ein Anlaß zu größtem Aufschwung der Kunst und des Kunsthandwerks und der Rahmen eines glänzenden Fürstenhofes geworden ist. Das Schloß wurde, aus den „Überflüssen des Daseins" geschaffen, ein Fürstensitz von internationaler Bedeutung; es sollte wie Neumann, sein Erbauer, sagte, „der späten Nachwelt ein unauslöschliches ewiges Gedächtnis einprägen, damit die nach vielen Jahrhunderten kommenden Nachfahren zu unserer Verehrung und ihrer Bewunderung darob ersehen mögen, wie sehr unser Franken in diesen Jahren glücklich war."

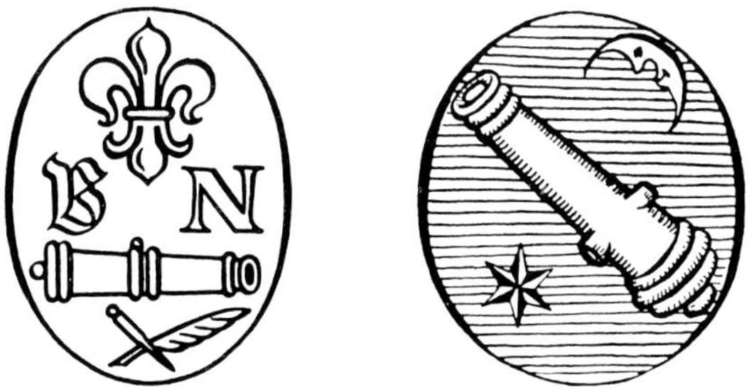

Wappen Balthasar Neumanns auf Briefsiegeln
Umzeichnung von Originalen im Stadtarchiv Eger nach Angaben des Verfassers, 1953

Zeittafel

mit den wichtigsten Daten zum Leben und Werk Balthasar Neumanns

Diese Zeittafel, die inzwischen vielfach in die Literatur Eingang gefunden hat, wurde vom Verfasser erarbeitet und erstmals 1953 veröffentlicht im längst vergriffenen Katalog der zum 200. Todestage Neumanns in der Würzburger Residenz veranstalteten Ausstellung „Balthasar Neumann – Leben und Werk"; ihr liegt ein Manuskript des Verfassers für ein „Itinerar" Neumanns zugrunde.

1687 Am 30. 1. in Eger getauft als Sohn eines Tuchmachers (geb. vermutlich am 27. 1.)

1700 Beginn der Lehre als Geschütz- und Glockengießer in Eger

1709 Erste, nachgewiesene Tätigkeit: in Eger, bei Brunnenreparatur helfend

1711 Lehrbrief als Feuerwerker, Wanderschaft, in Würzburg als Geschützgießergeselle

1712 Unterricht in Geometrie, Feldmesserei und Architektur; Arbeit und Einkünfte als Handwerker aufgegeben; Mitarbeit am großen Feuerwerk beim Besuch Kaiser Karls VI. in Würzburg

1713 I. Reise nach Eger, Tod des Vaters „Instrumentum Architecturae" konstruiert

1714 Fähnrich in der fürstlichen Leibkompagnie

1715 Grundrißplan der Stadt Würzburg

1716 Als Mitarbeiter Greisings im Kloster Ebrach

1717 Im Türkenfeldzug, Teilnahme an der Eroberung Belgrads unter Prinz Eugen erstmals in Wien

1718 In Österreich und Oberitalien; in Mailand tätig nach Rückkehr zum fürstl. würzburgischen Ingenieur-Hauptmann ernannt

1719 Reihenbau Burkarderstraße mit Eigenhaus
Tod des Bischofs Johann Philipp v. Greiffenklau, Johann Philipp Franz Graf Schönborn wird Fürstbischof
Beginn der Residenz-Planung und der Zusammenarbeit mit Joh. Dienzenhofer (bis 1723), M. v. Welsch (bis 1729) und Lukas von Hildebrandt, der 1719 nach Würzburg kommt (bis 1738)
Erste Begegnung mit Kurfürst Lothar Franz und mit Reichsvizekanzler Friedrich Karl von Schönborn

1720 Baubeginn der Residenz, vollendet 1744, Innenausstattung bis 1753 betreut
Ernennung zum fürstl. Artillerie-Hauptmann und Ingenieur
Anlage der Hofstraße

1721 Eingreifen in die von Bayer, Hennicke und Welsch begonnene Planung der Schönbornkapelle, Bauleitung bis 1736
in Frankfurt a. M. bei Uffenbach

1722 Einsetzung der fürstl. Stadtbaukommission und Überwachung des gesamten bürgerlichen Bauwesens in Würzburg bis 1753
Vorarbeiten für die große Würzburger Stadtansicht, erschienen 1723
Planung und Bau (1723/24) des Eigenhauses Kapuzinerstr. 2, nachmals Huttenpalais, heute Rotkreuzklinik
öfter in Mainz und Wiesentheid wegen Residenzplanung

1723 Reise nach Paris über Mannheim, Bruchsal, Straßburg, Nancy
in Paris, Planungsarbeit für die Residenz mit Boffrand und de Cotte
Rückreise über Brüssel, Frankfurt, Kassel, Fulda
Pläne und Neubau des Chorherrenstiftes Heidenfeld bei Schweinfurt (ebenso 1725), öfter in Bamberg, in Mainz

1724 Tod des Bischofs Johann Phil. Franz v. Schönborn
Wahl des Bischofs Christoph Franz v. Hutten

Wappen Balthasar Neumanns auf Briefsiegeln. Rechts Allianzwappen des Ehepaares

Einstellung des Residenzbaues nach Vollendung des nordwestlichen Teils
Ernennung zum fürstl. Artillerie-Major
Besuch des Pariser Architekten Germain Boffrand in Würzburg und Franken
Tausch des Hauses Kapuzinerstraße gegen den Hof „Oberfrankfurt" in der Franziskanergasse als Wohnhaus

1725 Hochzeit mit Eva Maria Schild, Tochter des fürstl. Geh.-Rates Schild
Feuerwerk und Wasserjagd für Erzherzogin Elisabeth
in Mergentheim, Gutachten und Pläne zum Umbau des Deutschordens-Schlosses

1726 In Mergentheim, Umbaupläne; Holzkirchen bei Würzburg, Plan für Kirche und Propstei, Kirche vollendet 1730
Plan für das Gasthaus „Zum Hirschen" (jetzt Dresdner Bank) in Würzburg
Baubeginn des Maschikuli-Turmes der Festung Marienberg nach Plänen M. v. Welschs, vollendet 1736

1727 Wiesentheid im Steigerwald, Planung mit Seitz für die Pfarrkirche (Weihe 1732)
Planung der Kirche für die Abtei Münsterschwarzach, Originalmodell erhalten, Bauleitung bis zur Weihe 1743 (zerstört im 19. Jahrh.);
Markus Friedrich Kleinert porträtiert den vierzigjährigen Neumann (Gemälde im Mainfränkischen Museum)

1728 2. Reise nach Bruchsal; Berufung zum Schloßbau durch Kardinal Schönborn, Fürstbischof von Speyer; Mainz, Schwarzach, Heidenfeld, Bamberg, Wiesentheid

1729 Tod des Bischofs Hutten, Wahl des Reichsvizekanzlers Friedrich Karl Graf von Schönborn zum Bischof von Bamberg und Würzburg
2. Reise nach Eger, von da
2. Reise nach Wien, Studienaufenthalt;
in Nürnberg, Ernennung zum Oberstleutnant der fränkischen Kreisartillerie
Baudirektor für das gesamte militärische, kirchliche und zivile Bauwesen beider Hochstifte Würzburg und Bamberg und für die Privatschlösser des Bischofs bis 1746; ständige Reisen in diesem Bereich
Wiederaufnahme des Residenzbaues, beginnend am Südflügel

1730 Gößweinstein (Oberfranken), Planung und Bauleitung der Wallfahrtskirche (geweiht 1739)
Bamberg, Planung und Bauleitung des Domkapitelhauses (1733 vollendet)
Planung und Bau der Fließendwasserversorgung für Würzburg
Festungen Kronach, Forchheim und Königshofen; Schwarzach und vielerorts im Frankenland, wie jetzt alljährlich
3. Reise nach Wien, Konferenz über den Würzburger Residenzbau
Rückkehr über München, Schleißheim, Nymphenburg

1731 3. Reise nach Bruchsal zum Schloßbau, Mod. für Treppenhaus und Säle; fortgesetzte Beratung für das Schloß- und Landbauwesen der Kardinäle Schönborn und Hutten bis 1753
Rudolf Byss kommt als Hofmaler und engster Mitarbeiter nach Würzburg
Bamberg, Baubeginn am Priesterseminar und Katharinenspital, Planung und Bauleitung (vollendet 1733)
Lukas von Hildebrandt in Würzburg

1732 Plan und Beginn des Schloßgartens Werneck
Berufung nach Worms durch Franz Georg Graf von Schönborn, Kurfürst von Trier, Fürstbischof von Worms, Ausbau des Bischofshofes
in Wetzlar, Pläne für den (nicht ausgeführten) Neubau des Reichskammergerichtes, ebenso 1738
Entwurf für die Hofkirche der Würzburger Residenz

1733 Pachtung der Glashütte zu Schleichach im Steigerwald
Einrichtung und Betrieb einer Spiegelglasschleiferei in Würzburg
Brückenbau in Tauberrettersheim
Residenz Würzburg bis zur südöstlichen Gartenfront fortgeschritten

Stukkator Antonio Bossi kommt nach Würzburg
Orangerie in Schloß Seehof bei Bamberg, 1. Reise nach Koblenz (Hofhaltung des Kurfürsten Schönborn von Trier), seitdem Berater für das gesamte Militär- und Zivilbauwesen des Kurstaates bis 1753; Ausbau der Festung Ehrenbreitstein
Reise nach Trier und Luxemburg
Planung und Baubeginn für Schloß Werneck, Bauleitung vollendet 1745
2. Reise nach Koblenz, Festung Trarbach wohl
Planung für St. Paulin in Trier, Baubeginn 1734 (Ausmalung durch Chr. T. Scheffler), Einrichtung der Residenz in Trier
Geburt des Sohnes Franz Ignaz Michael als sechstes von acht Kindern

1734 4. Reise nach Wien
Besuch beim Prinzen Eugen im Feldlager Heilbronn
Stocken des Residenzbaues durch den polnischen Erbfolgekrieg
Joh. Georg Oegg kommt als Hofschlosser nach Würzburg

1735 Planung der Kirche in Michelau im Steigerwald
5. Reise nach Wien (mit Antonio Bossi). Endgültige Planung zum Treppenhaus der Würzburger Residenz, Kaisersaalpavillon im Bau
3. Reise nach Koblenz, Ehrenbreitstein, Entwurf eines Gartens dor

1736 Leutnant Joh. Jac. Mich. Küchel, Schüler Welschs, als Mitarbeiter und Vertreter in Bamberg
Planung und Bau der Kirche in Retzbach am Main (geweiht 1740)
Bildhauer Wolfgang v. d. Auwera kehrt aus Wien zurück und wird Neumanns engster Mitarbeiter
Neuer Fassadenentwurf für Münsterschwarzach
Kurfürst Clemens August von Köln in Würzburg

1737 Planung für den Marktplatz in Würzburg
Planung und Bau (1739–41) des Kaufhauses am Markt in Würzburg
Planung, Anlage und Ausbau (bis 1753) der Theaterstraße in Würzburg (1945 zerstört bis auf das wiederaufgebaute Haus Nr. 4)
Bau des Treppenhauses in der Würzburger Residenz
in Bad Kissingen, Entdeckung und Fassung neuer Heilquellen
Markgräfin Wilhelmine von Bayreuth in der Würzburger Residenz.

1738 4. Reise nach Bruchsal, Planung der Peterskirche (vollendet 1746);
1. Reise nach Speyer, Gutachten und Pläne zum Wiederaufbau des Domes für den Trierer Kurfürsten Schönborn als Domdechant von Speyer (vom Sohn 1772 nach neuen Plänen durchgeführt, im 19. Jahrh. verändert);
in Heusenstamm; Worms, Entwurf für einen neuen Hochaltar des Domes, Plastiken von Wolfgang v. d. Auwera, aufgestellt 1740/41; in Mannheim
in Mainz; Aufstellung der Schönborn-Epitaphien Auweras im Dom
5. Reise nach Koblenz, Pläne für den Dikasterialbau in Ehrenbreitstein (vollendet 1748)
2. Aufenthalt in Wetzlar, Pläne zum Reichskammergericht
Planung der Kirche in Euerbach (Bau 1740–42)
Anlage der Promenade in Bad Kissingen
Lukas von Hildebrandt letztmals in Würzburg
Plan für Hof Rombach in Würzburg, vollendet 1740 (zerstört 1945)
6. Reise nach Koblenz

1739 Koblenz, Mainz, Frankfurt
Pläne, Baubeginn und Bauleitung der Kirche in Heusenstamm bei Offenbach a. M. für die Witwe des Generals Graf Schönborn, 1740 Rohbau fertig, 1742 ausgestattet, Altar von Wolfgang v. d. Auwera, Fresken von Chr. Th. Scheffler
Dächer über dem Mittelbau der Würzburger Residenz
Justus Dienzenhofers Plan zum Stadionhof in Bamberg überarbeitet
5. Reise nach Bruchsal: Peterskirche, Schloß, Glockenturm der Schloßkirche, dann Mannheim; Worms, wegen Hochaltar des Domes

1740 7. Reise nach Koblenz und Ehrenbreitstein (mit Wolfgang v. d. Auwera)
in Amsterdam, Haarlem, Leyden, den Haag, Utrecht
in Frankfurt, erbetenes Gutachten zum Brükkenbau
1. Reise nach Bonn und Brühl
in Worms, Hochaltar; in Mannheim
2. Reise nach Speyer
6. Reise nach Bruchsal, Peterskirche, Schloß Pläne zum Umbau des Schlosses Meersburg als Residenz des Kardinals Schönborn, der 1740 Bischof von Konstanz wurde
8. Reise nach Koblenz und Ehrenbreitstein über Worms, Mainz
Ehrenhofgitter der Würzburger Residenz nach Hildebrandts Plan begonnen (im 19. Jahrh. verschrottet);
geänderte Planung für Werneck, seitliche Türe statt Zwischenbau im Ehrenhof
Planung der Kirche in Gaibach (Bau 1742, Weihe 1745)
Erste Planung zum Käppele in Würzburg
Pläne für Kirche in Dirmstein (Pfalz)

1741 Umbauplan für die Abteikirche Amorbach (nicht ausgeführt)
in Nürnberg; zum Oberst der fränkischen Kreisartillerie ernannt
Plan und Neubau der Augustinerkirche, früher

Dominikanerkirche, in Würzburg (vollendet 1744)
Plan der Kirche in Etwashausen bei Kitzingen (vollendet 1745)
Plan und Bau der Schloßkirche Werneck
in Frankfurt, Darmstadt, Mannheim, Worms, Mainz
9. Reise nach Koblenz und Ehrenbreitstein
2. Reise nach Brühl, Planung des neuen Treppenhauses in Schloß Augustusburg (Bau 1744, Ausstattung 1749/50)
in Köln
Gartenfront der Würzburger Residenz vollendet

1742 10. Reise nach Koblenz und Ehrenbreitstein
3. Reise nach Brühl, Umgestaltung des Schlosses in Bonn, Ausbau des Schlosses Poppelsdorf
in Frankfurt beim Staatsbesuch des Bischofs bei Kaiser Karl VII.
in Bamberg, Michelsberger Bauwesen
Pläne zur Jesuitenkirche in Mainz (geweiht 1746, abgebrannt durch Beschuß 1793, abgebrochen 1811);
Schließung der großen Gewölbe des Kaisersaales und des Weißen Saales sowie des Treppenhauses in der Würzburger Residenz
Abtei Langheim in Oberfranken, Pläne für Kirche (nicht ausgeführt) und Kloster (im 19. Jahrh. abgebrannt), ebenso in der Folgezeit tätig
Pläne zum Neubau des Klosters Oberzell bei Würzburg (Bau der Abtei 1742, des Konventes 1753, des Treppenhauses 1760)
Erste und zweite Planung zur Wallfahrtskirche Vierzehnheiligen; Pläne von Krohne, Küchel und später von Welsch, abgelehnt
11. Reise nach Koblenz

1743 Feierliche Weihe der Abteikirche Münsterschwarzach
feierliche Weihe der Hofkirche in Würzburg
Erwerb des Hofes „Niederfrankfurt" neben dem Wohnhause „Oberfrankfurt" und Umbau
Erwerb des Gartens in Randersacker durch Erbschaft, Bau von zwei Pavillons (ein Pavillon zerstört)
Visitation in Vierzehnheiligen

1744 Dritte Planung für Vierzehnheiligen (Bau bis 1763, durch Küchel vollendet) Innenausstattung von Feichtmayr und Appiani bis 1772
Wölbung des Gartensaals der Residenz Würzburg
neue Pläne für Oberzell
12. Reise nach Koblenz
in Trier, Innenausstattung, Stiftshöfe und Sakristei für St. Paulin; in Prüm (Eifel), Pläne zur Abtei für den Trierer Kurfürsten Schönborn als Fürstpropst
Kirchenbau in Saffig
4. Reise nach Brühl, Bonn, Poppelsdorf
in Mainz, Frankfurt
Entwurf für ein Oratorium in Bayreuth
Vollendung des Rohbaus der Würzburger Residenz

1745 Besuch des Kaisers Franz Stephan und der Kaiserin Maria Theresia in der Würzburger Residenz; Neumann führt den Kaiser. Entwurf des Hochaltars für die Franziskaner-Hofkirche in Brühl, Plastiken von Wolfgang v. d. Auwera
in Mainz wegen Auweras Schönborn-Epitaphien im Dom
13. Reise nach Koblenz, Ehrenbreitstein; Entwürfe für Portal und Hochaltar (ausgeführt von Tietz 1754) für St. Paulin in Trier
5. Reise nach Bonn, Poppelsdorf, Plan zur Hl. Stiege auf dem Kreuzberg (gebaut 1746 bis 51); Brühl, Aufstellung des Altars
14. Reise nach Koblenz, Ehrenbreitstein
in Mainz, Baustreitigkeiten wegen der Jesuitenkirche, Aufstellung der Epitaphien im Dom
6. Reise nach Brühl, Bonn; Poppelsdorf, Ausbau des Schlosses und Hl. Stiege auf dem Kreuzberg
General M. v. Welsch † in Mainz
Lukas v. Hildebrandt † in Wien

1746 Pläne für das Schlößchen Guttenberg bei Würzburg (abgebrochen im 19. Jahrh.);
Tod des Fürstbischofs Friedrich Karl Schönborn, Wahl des Fürstbischofs Ingelheim in Würzburg
Entlassung Neumanns als Oberbaudirektor in Bamberg und Würzburg
15. Reise nach Koblenz
7. Reise nach Bruchsal, Schloßbau; in Mannheim für Gutachten und Beratungen;
Worms, Bischofshof; Hofheim i. R. Kirche;
bis 1747 Pläne zum Neubau der Hofburg in Wien (nicht ausgeführt)

1747 Besuch bei Kurfürst Clemens August von Köln in Mergentheim, weiterer Besuch dort
in Ellingen, Beratung für die Schloßkirche
in Ellwangen, Pläne zum Neubau des Rathauses für Kurfürst Schönborn von Trier als Fürstpropst von Ellwangen
Pläne zum Neubau der Abteikirche Neresheim, Baubeginn, Oberbauleitung bis 1753
2. Reise nach Ellwangen und Neresheim
vermutlich in Stuttgart
Pläne zum Neubau des Schlosses in Stuttgart (nicht ausgeführt)
3. Reise nach Eger, Beratung beim Wiederaufbau der Kirchentürme von St. Niklas, Besuch in Waldsassen
Pläne und Bau des Domherrenhofes Marmelstein in Würzburg
3. Reise nach Ellwangen
Kaiserin Maria Theresia überschickt eine goldene Tabatière zum Dank für die Wiener Pläne

Pläne und Bau des Käppele (Rohbau 1749 vollendet; erste Planung 1740)
Plan für Hospital in Forchheim

1748 4. Reise nach Ellwangen, Beratung für Rathaus, Schloß und Seminar
in Neresheim, Planung und Bau der Abteikirche
weitere Pläne zum Käppele in Würzburg
vermutlich 16. Reise nach Koblenz, Bau des Schlosses Schönbornslust, vollendet 1752 (zerstört 1793)
Pläne für Hospitalkirche in Forchheim
Die Schleichacher Glashütte von der Hofkammer an Frankfurter Handelsleute verpachtet

1749 6. Reise nach Wien (fraglich);
Tod des Bischofs Ingelheim, Wahl des Bischofs Carl Philipp v. Greiffenklau
Wiedereinsetzung Neumanns als Oberbaudirektor in Würzburg
Johannes Zick malt im Gartensaal der Residenz in Mannheim
8. Reise nach Bruchsal, Innenausstattung des Schlosses
in Stuttgart, neue Pläne für das Schloß
5. Reise nach Ellwangen; Neresheim, Ausführungsentwurf
Erniedrigung des Würzburger Domchors und Anbau der Sakristeien
Pläne L. Rettis zum Karlsruher Schloßbau werden zugeschickt
17. Reise nach Koblenz, Bau zu Schönbornslust

1750 wiederholt bei Fürstbischof Franckenstein in Bamberg, dann
9. Reise nach Bruchsal, Innenausstattung des Schlosses, Kasernenbau
6. Reise nach Ellwangen und Neresheim; in Stuttgart, neue Pläne zum Schloßbau
10. Reise nach Bruchsal
in Schloß Ullstadt, Mittelfranken
vermutlich in Karlsruhe, Pläne zum Schloßbau (nicht ausgeführt)
18. Reise nach Koblenz, Bau zu Schönbornslust
erstes Auftreten des Sohnes Franz Ignaz Michael als Zeichner und Konstrukteur
Tiepolo trifft mit seinen Söhnen in Würzburg ein

1751 Tiepolo beginnt den Kaisersaal der Residenz auszumalen (vollendet 1752)
in Karlsruhe, neue Pläne für das Schloß
Pläne für die Wallfahrtskirche Maria Limbach a. M. und Bauleitung bis 1753 (vollendet 1755)
Plan und Bau der Pfarrkirche Ingolstadt bei Würzburg (vollendet 1753)
Pläne für die neue Seesbrücke in Bamberg (zerstört 1784);
11. Reise nach Bruchsal, Ausstattung des Schlosses
Joh. Zick malt dort 1751–54 drei große Deckenfresken im Treppenhaus und den beiden Sälen des Schlosses
3. Reise nach Speyer, Gutachten über die Restaurierung des Domes
weitere Pläne zum Schloß Karlsruhe
19. Reise nach Koblenz, Anlage der Wasserleitung; Umbau im Schloß Ehrenbreitstein; Bau des Schlosses Schönbornslust
Die Schleichacher Glashütte wieder von Neumann gepachtet und betrieben (1755 von der Witwe aufgegeben)

1752 Pläne zum Neubau des Schlosses in Schwetzingen (nicht ausgeführt)
Plan zu den vorderen Flügelbauten der Abtei Banz, ausgeführt von Küchel
Matthäus Günther malt die Fresken im Käppele, gleichzeitig Stukkaturen von Feichtmayr und Üblher
20. und 21. Reise nach Koblenz, Wasserleitung, Bau des Schlosses Schönbornslust
Tiepolos Porträtskizze zum Bildnis Neumanns im Treppenhaus
Tiepolos Porträtskizze zum Bildnis Neumanns im Treppenhaus
Tiepolo malt das Fresko im Treppenhaus der Residenz (vollendet im Herbst 1753)

1753 22. Reise nach Koblenz, Pläne für die Kirche in Geisfeld bei Trier, anschließend 12. Reise nach Bruchsal, Innenausstattung des Schlosses; von dà aus Aufenthalt in Speyer (fraglich) wegen Wiederaufbau des Domes
Anbauten und Treppenhaus für das Schloß Veitshöchheim bei Würzburg
Plan für eine Orangerie im Würzburger Hofgarten
Bauinspektion in Limbach
19. August † im Alter von 66 Jahren
22. August feierlich beerdigt in der Marienkapelle auf dem Markt zu Würzburg (Grab und neue Gedenktafel am ersten Pfeiler rechts beim Eingang vom Marktportal)

Literaturhinweis

Die gesamte frühe Neumann-Literatur bis zum Jahre 1931 findet sich in v. Cranach-Sicharts einschlägigem Aufsatz in Thieme-Beckers Künstler-Lexikon Bd. 25, 1931. Weitere reichliche Literatur zum Gesamtwerk Neumanns findet sich im Katalog der Gedenk-Ausstellung „Balthasar Neumann – Leben und Werk", zum 200. Todestag des Meisters 1953 in Würzburg veranstaltet. Die neuere Literatur zum Kirchenbau Neumanns ist in Hans Reuthers „Die Kirchenbauten Balth. Neumanns", Berlin 1960, zu finden. Die zahlreiche neuere und neueste Literatur zu einzelnen Werken, zu technischen und biographischen Details, einschließlich der Berichte über Kriegsschäden und Wiederherstellungen, findet sich weithin verstreut in Zeitschriften-Aufsätzen und Dissertationsdrucken; sie ist im „Schrifttum zur deutschen Kunst" jährlich erfaßt.

Im gleichen Verlag erschien vom gleichen Verfasser „Balthasar Neumann als Stadtbaumeister", Berlin 1937 (Kunstwissenschaftliche Studien Bd. XX), 126 Seiten, 64 Abb.
Neudruck durch die Gesellschaft der „Freunde Mainfränkischer Kunst und Geschichte" Würzburg 1977 zum 225. Todestag Neumanns.

Ortsregister zum Textteil

Fotonachweis: Abtei Neresheim 84; Kurt Amthor, München Farbtafel nach S. 64; Bayerisches Landesamt Bildernachweis: Abtei Neresheim 84; Kurt Amthor, München Farbtafel nach S. 64; Bayerisches Landesamt für Denkmalpflege, München 62; Christ, Würzburg 9; Foto Marburg 22; von Freeden, Würzburg 34, 67; L. Gundermann, Würzburg 2, 19, 20, 21, 23, 24, 25, 26, 32, 33, 42, 50, 51, 60, 68, 77, 80, 81, Farbtafel nach S. 16; Ruth Hallensleben 52; R. Häusser, Mannheim 55; Hermann Hessler, Frankfurt am Main 28; M. Jeiter, Aachen 72; A. F. Kersting, London 5, 12, 40, 41, 48, 65, 85, Farbtafel nach S. 32; Landesbildstelle Württemberg, Stuttgart 86, 87; I. Limmer, Bamberg 36, 38, 39, 44, 45, 46, 47, 58, 59, 82, 83, Farbtafel nach S. 56; E. Müller-Cassel 64; A. Ohmayer, Rothenburg o. d. T. 6; W. Röder, Würzburg 88; H. Schmidt-Glassner, Stuttgart 10, 49, 56, 71; Schmölz + Huth, Köln Farbtafel nach S. 40; H. u. Th. Seeger, Binningen 57; Ehem. Staatl. Bildstelle 54; Wolff & Tritschler, Frankfurt 43; Bayerischer Flugdienst Bertram, München, Freigabe BStfWuV G 3; alle übrigen Aufnahmen von Walter Hege.

Tafeln

1. Würzburg, Maschikuli-Turm der Festung Marienberg

3. Residenz Würzburg, Gesamtanlage von Nordosten

◄ 2a. Residenz Würzburg, Stadtfront

2b. Residenz Würzburg, Ehrenhof mit Blick auf die Festung Marienberg, die alte Bischofsresidenz

4. Residenz Würzburg, Fassade des Ehrenhofes, nördlicher Teil

5. Residenz Würzburg, Ehrenhof (anstelle des alten Ehrenhofgitters: Franconia-Brunnen 1895)

6. Residenz Würzburg, Südoval mit Gittertor von Georg Anton und Anton Josef Oegg

7. Residenz Würzburg, Gartenfassade mit Kaisersaal-Pavillon

8. Residenz Würzburg, Ovalrisalit der Südfront

9. Residenz Würzburg, Gartenfassade mit Greiffenklau-Tor von Johann Georg Oegg

10. Residenz Würzburg, Blick in das Treppenhaus aus dem Vestibül

11. Residenz Würzburg, Blick durch das Treppenhaus

12. Residenz Würzburg, oberer Umgang im Treppenhaus mit dem Deckenfresko von G.B. Tiepolo: links „Afrika", rechts „Asien", Mitte „Europa"

13. Residenz Würzburg, Treppenhaus mit Fresko von G.B. Tiepolo, Südseite „Europa“

14. Residenz Würzburg, Weißer Saal mit Durchblick
in den östlichen Umgang des Treppenhauses

15. Residenz Würzburg, Weißer Saal, Südwand, Stuck von Antonio Bossi

16. Residenz Würzburg, Kaisersaal, Nordwand mit Belehnungsfresko von G.B. Tiepolo

17. Residenz Würzburg, Kaisersaal, Südwand mit Hochzeit Kaiser Barbarossas. Fresko von G.B. Tiepolo

18. Residenz Würzburg, Kaisersaal, Westwand gegen den Weißen Saal

19. Residenz Würzburg, Gartensaal, Fresko von Johannes Zick, Stuck von Antonio Bossi

20. Residenz Würzburg, Tür in den südlichen Paradezimmern

21. Residenz Würzburg, Spiegelkabinett, zerstört 1945 (Wiederherstellung als Kopie im Gange)

22. Residenz Würzburg, Paradezimmer mit Gobelin der Würzburger Manufaktur

23. Residenz Würzburg, Hofkirche, linker Seitenaltar

24. Würzburg, Schönbornkapelle am Dom

25. Würzburg, Schönbornkapelle, Inneres

26. Würzburg, Schönbornkapelle am Dom, Gewölbe

27. Würzburg, Ornatkammer am Dom

28. Holzkirchen, ehem. Propsteikirche

29. Holzkirchen, Kuppel der Rundkirche, Stukkaturen von Joh. Peter Castelli

30. Wiesentheid im Steigerwald, Pfarrkirche

31. Wiesentheid im Steigerwald, Pfarrkirche, Flachdecke mit Fresko von Francesco Marchini

32. Heidenfeld bei Schweinfurt, ehem. Augustiner-Chorherrenstift

33. Retzbach am Main, Pfarrkirche

34. Würzburg, Rotkreuzklinik, ehem. Palais Hutten, ursprünglich Eigenhaus Neumanns. Zustand 1935. Wiederaufgebaut nach dem Brande von 1945

35. Bamberg, ehem. Priesterseminar, jetzt Rathaus

36. Bamberg, Domkapitelhaus

37. Gößweinstein in Oberfranken, Wallfahrtskirche

38. Gößweinstein, Wallfahrtskirche, Fassade und Treppe

39. Gößweinstein, Wallfahrtskirche, Inneres

40. Schloß Bruchsal, Vestibül mit Treppenaufgängen nach der Wiederherstellung

41. Schloß Bruchsal, Treppenhaus, rechter Aufgang nach der Wiederherstellung

42. Schloß Bruchsal, oberer Treppensaal vor der Zerstörung; völlige Wiederherstellung abgeschlossen

43. Schloß Bruchsal, Marmorsaal, Stuck von J.M. Feichtmayer,
Fresken von Johannes Zick, zerstört im letzten Krieg; völlige Wiederherstellung abgeschlossen

44. Schloß Werneck bei Schweinfurt, Ehrenhof nach der Freilegung

45. Schloß Werneck, Gartenfront

46. Schloß Werneck, Gartenfront und Nordseite

47. Schloß Werneck, Mittelbau der Gartenfront

48. Schloß Werneck, Schloßkirche, Stuck von A. Bossi (Restaurierung im Gange)

49. Worms, B. Neumanns Hochaltar im Dom, Plastiken von Joh. Wolfgang van der Auwera

50. Würzburg, Kaufhaus am Markt. Wiederaufgebaut nach dem Brande von 1945

51. Würzburg, Hof Rombach, zerstört 1945

52. Schloß Augustusburg in Brühl, Treppenhaus

53. Schloß Augustusburg in Brühl, Treppenhaus

54. Brühl, Schloßkirche, Hochaltar, Plastiken von W. van der Auwera

55. Bruchsal, St. Peterskirche, Inneres

56. Trier, ehem. Stiftskirche St. Paulin

57. Trier, ehem. Stiftskirche St. Paulin, Inneres mit Hochaltar

58. Etwashausen bei Kitzingen am Main, Inneres der Kirche

59. Etwashausen bei Kitzingen am Main, Hl. Kreuz-Kirche

60. Gaibach bei Volkach am Main, Pfarrkirche, Inneres

61. Heusenstamm bei Offenbach am Main, Inneres der Kirche

62. Würzburg, ehem. Dominikanerkirche, jetzt Augustinerkirche.
Zustand mit Altären und Fresken vor dem Stadtbrand von 1945

63. Würzburg, ehem. Dominikanerkirche, jetzt Augustinerkirche.
Wiederhergestellt nach dem Brande von 1945

64. Wallfahrtskirche Vierzehnheiligen, Doppelturmfassade

65. Wallfahrtskirche Vierzehnheiligen, Gnadenaltar

66. Wallfahrtskirche Vierzehnheiligen, Vierung

67. Ehem. Benediktinerabtei Banz. Vordere Flügelbauten von Küchel nach Balthasar Neumann

68. Schloß Seehof bei Bamberg, Orangerie im Park

69. Schloß Veitshöchheim bei Würzburg mit den Anbauten von Balthasar Neumann

70. Randersacker bei Würzburg, Pavillon in Balthasar Neumanns Garten

71. Bonn–Poppelsdorf, Hl. Stiege an der Wallfahrtskirche auf dem Kreuzberg

72. Ehrenbreitstein am Rhein, ehem. kurtrierisches Dikasterialgebäude, Mittelbau

73. Oberzell bei Würzburg, ehem. Prämonstratenserabtei, Fassade des Abteiflügels

74. Oberzell bei Würzburg, Konventbau

75. Oberzell bei Würzburg, Treppenhaus in der Abtei

76. Würzburg, ehem. Stadionscher Domherrenhof Marmelstein.
Wiederaufgebaut nach dem Brande von 1945 als Ordinariat

77. Würzburg, Wallfahrtskirche „Käppele“

78. Würzburg, „Käppele“, Inneres, Fresken von Matth. Günther, Stuck von J.M. Feichtmayer

79. Würzburg, „Käppele", Inneres mit Orgelempore

8o. Würzburg, „Käppele“, Fassade und Stationsweg mit Figuren von Peter Wagner

81. Würzburg, Theaterstraße 4, Portal

82. Limbach bei Haßfurt am Main, Wallfahrtskirche Mariä Heimsuchung

83. Limbach am Main, Wallfahrtskirche Mariä Heimsuchung, Inneres

84. Neresheim auf dem Härtsfeld, Benediktinerabtei-Kirche, Fassade

85. Neresheim, Benediktinerabtei-Kirche, Inneres nach Osten, Fresken von Martin Knoller

86. Neresheim, Benediktinerabtei-Kirche, Umgang im Querschiff

87. Neresheim, Benediktinerabtei-Kirche, Inneres nach Westen

88. Würzburg, Belvedere auf dem Wohnhaus Balthasar Neumanns, Franziskanergasse 2 (alte Aufnahme). Eingestürzt nach dem Brande von 1945 und auf dem Neubau wiedererrichtet

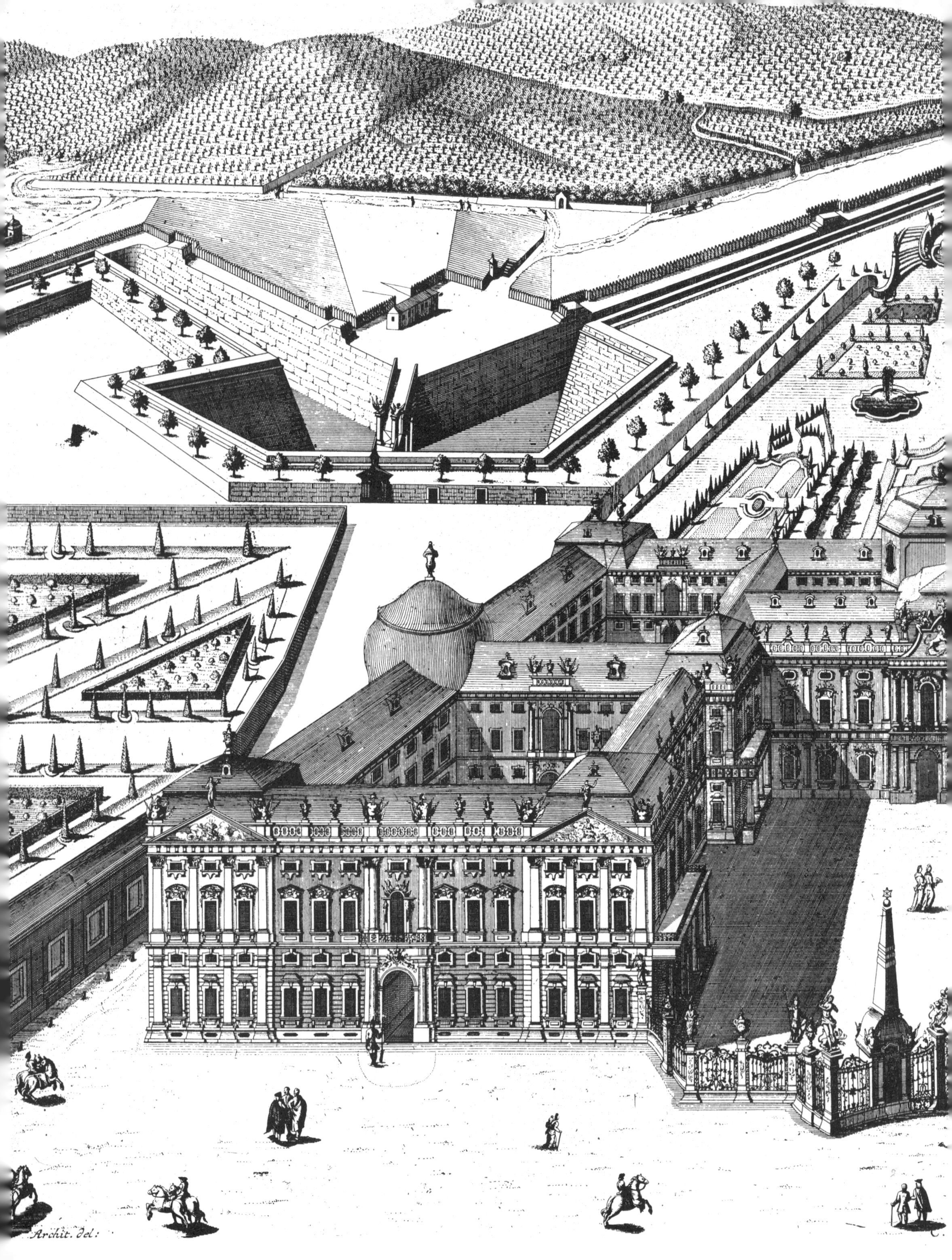